दिलचस्प

15 फरवरी 1945 को चुरू (राजस्थान) में जन्मे नारायण सिंह राजावत 'दिलचस्प' पिछले 40 वर्ष से लोकप्रिय एवं ज्ञानवर्धक साहित्य के सृजन में संलग्न हैं और पिछले 25 वर्ष से दूरदर्शन एवं आकाशवाणी पर छाए हुए हैं। 'गिनीज बुक ऑफ़ वर्ल्ड रिकॉर्ड' में शामिल दिलचस्प के हजारों लेख विभिन्न पत्र-पत्रिकाओं में प्रकाशित होकर पाठकों को लाभान्वित कर चुके हैं। हरिवंशराय बच्चन, देह-व्यापार, जादू की दुनिया, हिंदी सिनेमा के सौ वर्ष आदि पर लिखी गईं उनकी पुस्तकें विशेष रूप से चर्चित हुई हैं। इस पुस्तक में दादा साहब फाल्के पुरस्कार विजेताओं के व्यक्तित्व और कृतित्व की जानकारी दी गई है, जो रोचक तो है ही, ज्ञानवर्धक भी है।

हिन्द पॉकेट बुक्स द्वारा प्रकाशित

फ़िल्म संबंधी अन्य पुस्तकें

- एवरग्रीन देव आनंद
- ...और प्राण
- असाधारण नायक – ओम पुरी
- मीना कुमारी की शायरी
- अमजद का सरोद गुलज़ार के गीत
- कारवाँ गुज़र गया
- देवदास
- परिणीता
- चरित्रहीन

हिन्द पॉकेट बुक्स
देश-भर के प्रमुख रेलवे, रोडवेज व अन्य बुक-स्टॉलों से लें, न मिलने पर हमें लिखें।
ई-14, सेक्टर-11, नोएडा-201301 (यू.पी.)

दादा साहेब फाल्के

पुरस्कार विजेता

दिलचस्प

हिन्द पॉकेट बुक्स

हिन्द पॉकेट बुक्स
भारत की सर्वप्रथम पॉकेट बुक्स

उत्कृष्ट साहित्य का प्रतीक
सुन्दर • सुरुचिपूर्ण • सरल

दादा साहेब फाल्के पुरस्कार विजेता (सामान्य ज्ञान)

प्रथम संस्करण : 2015
प्रकाशक : हिन्द पॉकेट बुक्स प्राइवेट लिमिटेड
जे-40, जोरबाग लेन, नई दिल्ली - 110003
टाइपसेटिंग : स्कैनसेट, नई दिल्ली - 110003
मुद्रक : आर्टेक्सल, ए-69, सेक्टर-63, नोएडा (यू.पी.)

DADA SAHEB FALKE PURASKAR VIJETA (General Knowledge)
By Dilchasp

ISBN 978-81-216-2049-9
15/15/03/01/20/SCANSET/DP/AU/AU/NP175/NP175

अनुक्रमांक

दादा साहेब फाल्के : जीवन-वृत्तांत

भारतीय फ़िल्मों के पितामह घुंडीराज गोविन्द फाल्के का जन्म महाराष्ट्र के नासिक जिले के त्रयम्बकेश्वर नगर में 30 अप्रैल 1870 को हुआ, जिन्हें आगे चलकर दादा साहेब फाल्के के नाम से जाना गया। भारत की प्रथम मूक (गूंगी) फ़िल्म बनाने का श्रेय दादा फाल्के को जाता है। इस फ़िल्म को बनाने के पीछे दृढ़ इच्छा-शक्ति और संघर्षशीलता का इतिहास रहा है।

सन् 1910 में बम्बई में विदेशी फ़िल्म 'द लाइफ़-क्राइस्ट' जो ईसा

मसीह के जीवन पर आधारित थी, को देखते समय फाल्के के दिमाग में विस्मयकारी योजना आई! घर आने पर फाल्के फ़िल्म के विषय में लगातार विचारते रहे। उस रात वह अच्छी तरह से सो भी न सके थे। उन्होंने सोचा कि कृष्ण या अन्य अवतारों के जीवन चरित्र पर्दे पर उतारा जाए, तो देश-वासियों को धार्मिक श्रद्धा से जोड़ सकेंगे, जिससे उनका जीवन भी धन्य हो जाए और सभी का कौतुहलपूर्ण मनोरंजन भी हो सके।

फाल्के के पुजारी पिता संस्कृत के विद्वान थे। वह चाहते थे कि उनका बेटा पुजारी बने, इसीलिए उन्होंने उन्हें गीता, महाभारत, रामायण, वेद, पुराण, उपनिषद आदि की शिक्षा दी, लेकिन फाल्के की कला और फोटोग्राफी में रुचि थी। जब वह बंबई के विल्सन कॉलेज में संस्कृत के प्रोफेसर नियुक्त हुए तो अतिरिक्त समय में जे.जे. स्कूल, ऑफ़ आर्टस में दाखिला लिया। इन दोनों ही स्थानों से मुक्त होकर वह बड़ौदा के कला-भवन से जुड़े। उन्होंने चित्रकला, नाटक, आर्किटेक्चर, फोटोग्राफी आदि में गूढ़ता हासिल की।

द लाइफ ऑफ क्राइस्ट फ़िल्म पर विचारने और अपनी ओर से नई फ़िल्म पर्दे पर प्रस्तुत करने तथा अपने विचारों को क्रियान्वयन करने में उन्हें तीन वर्ष लग नए। दोस्तों से कर्ज़ लेकर फ़िल्म निर्माण में काम में आने वाले विभिन्न उपकरणों की जानकारी और उनकी खरीद के लिए सन् 1912 में लंदन पहुंचकर फ़िल्म निर्माताओं से सम्पर्क किया। 'बायस्कोप' के सम्पादक से मुलाकात की। उन्होंने फ़िल्म निर्माण से जुड़े अनेक व्यक्तियों से फाल्के का परिचय करवाया और फ़िल्म सम्बन्धी हर प्रकार की सहायता का आश्वासन दिया। दो माह तक फ़िल्म निर्माण की जानकारियां प्राप्त कर तथा इससे सम्बन्धित उपकरण लेकर फाल्के स्वदेश लौट आए।

स्वदेश लौटकर पुनः अपनी सोच को क्रिया रूप देने में लग गए। आखिरकार सन् 1913 में उन्होंने 'राजा हरिश्चन्द्र' नाम से एक फ़िल्म बनाई जो तीन मई (3 मई 1913) को प्रदर्शित हुई। बम्बई में प्रदर्शित इस फ़िल्म को कौतुहलवश लगभग सभी समझदार व्यक्तियों ने देखा। इस

प्रकार फाल्के द्वारा निर्मित इस गूंगी (मूक) फ़िल्म को भारत की प्रथम फ़िल्म होने का गौरव मिला।

यह वह समय था, जब सभ्य महिलाएं फ़िल्मों में प्रवेश करने से कतराती थीं। 'राजा हरिश्चन्द्र' फ़िल्म बनाने में फ़िल्म के पात्रों को लेकर फाल्के को काफ़ी परेशानियों का सामना करना पड़ा। तत्कालीन समय में महिला कलाकारों का नितांत अभाव था। मुजरा करने वाली स्त्रियां भी फ़िल्मों में अभिनय करने को हेय समझती थीं। सभी प्रकार की पेशेवर महिलाओं द्वारा इनकार कर दिए जाने पर निराश मन लिए फाल्के एक होटल में चाय पीने गए। जिस नौकर (लड़के) ने चाय लाकर दी, उसके हाव-भाव स्त्री जैसे लगे। फाल्के के दिमाग़ में एक नवीनता कौंध गई।

अनुनय-विनय करके तथा उस चाय वाले के परिजनों को प्रलोभन देकर सालुके नामक उस लड़के को फ़िल्म में तारामती की भूमिका में स्त्री रोल में पेश किया गया। इस प्रकार भारत की प्रथम मूक फ़िल्म से नायिका का रोल पुरुष पात्र से निभाए जाने का दौर आगे भी फ़िल्मों में जारी रहा।

आगे चलकर फाल्के ने अपनी किशोर वय से भी कम उम्र की बेटी मंदाकिनी को फ़िल्मों में उतारा। मंदाकिनी ने कई फ़िल्मों में पुरुष पात्र के बचपन का रोल निभाया, अर्थात् लड़के को अभिनीत किया।

'सालुके' के पश्चात् पुरुषोत्तम वैद्य ने फाल्के की फ़िल्मों 'श्रीकृष्ण जन्म', 'लेजर मेड', 'हिज़ फ़ादर ऑनर,' 'पति-पत्नी' में स्त्री रोल निभाया। वैद्य स्त्री रोल में जंचते भी थे। इसका भी एक रोचक किस्सा है।

सन् 1917 में इन्दौर नरेश श्रीमंत तुकोजीराव होल्कर ने दादा फाल्के को फ़िल्म क्षेत्र में की गई तरक्की के लिए आर्थिक सहायता दी तथा अन्य भी कुछ मांगने को कहा। महाराजा के विशिष्ट दरबारी रायबहादुर डा. महादेव पृथ्वीनाथ के ज्येष्ठ पुत्र पुरुषोत्तम वैद्य, जो शौकिया चित्रकार और छायाकार थे, हाथ-भाव और चाल से स्त्री जैसे लगते थे, उन्हें स्त्री पात्र अभिनय करने के लिए मांग लिया।

बीस वर्षों में फाल्के ने 117 फ़िल्में बनाईं, जिनमें सन् 1934 में निर्मित फ़िल्म 'सेतु बंधन' उनकी अंतिम और एक मात्र बोलती फ़िल्म थी।

74 वर्ष की उम्र में 16 फरवरी 1944 को भारतीय फ़िल्मों के पितामह दादा साहेब फाल्के का नासिक (महाराष्ट्र) में देहांत हो गया। नासिक में उनका स्मारक 'हिन्द सिने जनकाश्रम' उनकी स्मृति को सदैव ताजा बनाए रखेगा।

फ़िल्मों के पितामह एवं सिने जगत में विशेष योगदान करने वाले दादा साहेब फाल्के के सराहनीय कार्यों को देखते हुए भारत सरकार के सूचना और प्रसारण मंत्रालय ने उनकी मृत्यु के 25 वर्ष पश्चात् सन् 1969 में निर्णय लिया कि फ़िल्मों में योगदान देने एवं श्रेष्ठ कार्यों के लिए फ़िल्मों से जुड़े व्यक्ति को प्रतिवर्ष 'दादा साहेब फाल्के पुरस्कार' से सम्मानित किया जाएगा एवं सन् 1970 को फाल्के की जन्म शती समारोह के रूप में मनाई जाएगी तथा उसी वर्ष उनकी स्मृति में डाक टिकट जारी किया जाएगा।

सन् 1969 का फाल्के पुरस्कार, जो सन् 1970 में दिया गया, तब से लेकर अब तक अर्धशतक फ़िल्मी हस्तियों को यह पुरस्कार दिया जा चुका है। भारतीय फ़िल्म जगत के इस सर्वोच्च पुरस्कार में एक सम्मान-पत्र, स्वर्ण कमल तथा नकद राशि दी जाती है। सन् 1975 तक यह राशि 11 हजार रुपए थी। सन् 1976 से 1984 तक 40 हजार रुपए, सन् 1985 से 95 तक 1 लाख रुपए एवं सन् 1996 से पुरस्कार राशि 2 लाख रुपए कर दी गई। सन 2006 से यह पुरस्कार राशि 10 लाख रुपए हो गयी। इनामी राशि को और अधिक किए जाने की आवश्यकता है, क्योंकि आज अनेक प्रकार के इनाम या सम्मान राशि लाखों रुपयों में है।

अब तक 45 फिल्मी हस्तियों को फाल्के सम्मान प्राप्त हो चुका है जिनमें 11 अभिनेता, 3 अभिनेत्री, 20 निर्माता-निर्देशक, 3 संगीतकार, 1 गायक, 3 गायिका, 3 गीतकार एवं 1 सिनेमेटोग्राफर सम्मिलित हैं। आगामी पृष्ठों में सभी सम्मानित फ़िल्मी हस्तियों का खोजपूर्ण विवरण प्रस्तुत किया जा रहा है।

देविका रानी
(1969)

जन्म 30 मार्च, 1908 में वाल्तेयर (आन्ध्र प्रदेश) में। देविका के पिता कर्नल एम.एन. चौधरी ऊंचे बंगाली खानदान के सुसंस्कृत व्यक्ति थे। नौ वर्ष की आयु में देविका चौधरी को अध्ययन के लिए इंग्लैंड भेजा गया। वहीं शिक्षा के साथ-साथ देविका ने 'रायल अकादमी ऑफ ड्रामेटिक आर्ट' से अभिनय कला का प्रशिक्षण लिया। निर्माता-अभिनेता हिमांशु राय उन दिनों इंग्लैंड में थे। शांति निकेतन कलकत्ता से उच्च शिक्षा प्राप्त हिमांशु कवि रवीन्द्रनाथ ठाकुर से प्रभावित थे। इंग्लैंड में ही उनकी देविका से मुलाकात हुई। रवीन्द्रनाथ देविका के नाना थे। मुलाकात मित्रता में बदल गई और मित्रता शादी में। उम्र में हिमांशु देविका से काफी बड़े थे। शादी के पश्चात् देविका चौधरी राय हो गई।

हिमांशु राय 'इंडो इंटरनेशनल टाकीज लि.' के बैनर तले इग्लैंड में सन् 1933 में बनी अंग्रेजी फ़िल्म 'कर्म' से देविकाराय का फ़िल्म जगत में प्रवेश हुआ। 'कर्म' के हीरो स्वयं हिमांशु थे। 'कर्म' भारत की पहली अंग्रेज़ी फ़िल्म थी। 'कर्म' की शूटिंग के पश्चात हिमांशु बम्बई चले आए। वहां सन् 1934 में उन्होंने 'बाम्बे टॉकीज़' फ़िल्म कम्पनी की स्थापना की। बाम्बे टॉकीज़ की पहली फ़िल्म 'जवानी की हवा' थी, जिसमें देविका ने नजमुल हुसैन के साथ अभिनय किया। सन् 1936 में देविका की दूसरी हिन्दी फ़िल्म 'जीवन नैया' थी, जिसमें उसके हीरो अशोक कुमार थे। अशोक कुमार के साथ देविका की अगली फ़िल्म आई 'अछूत कन्या', जो बेहद कामयाब रही और हिन्दी सिनेमा का मील का पत्थर बन गई। तीस के दशक में बनी 'अछूत कन्या' सामाजिक दृष्टि से एक क्रांतिकारी फ़िल्म थी। 'निर्मला' में भी इस जोड़ी को दोहराया गया और फ़िल्म तथा यह जोड़ी (देविका-अशोक), सफल रही।

'अछूत कन्या' फ़िल्म देखकर पंडित जवाहर लाल नेहरू ने देविका

को प्रशंसा-पत्र लिखा। 25 अक्टूबर 1936 में बम्बई में मौजूद कांग्रेस कार्यकारिणी के कुछ सदस्यों ने एक विशेष शो में रॉक्सी सिनेमा में 'अछूत कन्या' को देखा। इन सदस्यों में पं. नेहरू, सरदार पटेल, आयार्च नरेन्द्र देव एवं श्रीमती सरोजिनी नायडू भी शामिल थीं।

आठवें दशक में जिस प्रकार हेमा मालिनी को 'ड्रीम गर्ल' (स्वप्न सुन्दरी) कहा गया उसकी शुरुआत देविका रानी राय से हुई थी। फ़िल्म समीक्षकों ने उन्हें 'ड्रीम गर्ल' का खिताब दिया और भारतीय रजत पट की पहली पटरानी के रूप में उनकी ख्याति हुई।

'कर्म' फ़िल्म के प्रदर्शन के पश्चात् उन्हें 'फर्स्ट लेडी ऑफ द इंडियन स्क्रीन' का सम्मान प्रदान किया गया। 'कर्म' फ़िल्म लंदन में खूब चली। वहां के अखबारों 'मार्निंग पोस्ट' एवं 'द स्टार' ने देविका रानी के अभिनय की जमकर तारीफ़ की और सवाक फ़िल्मों की सर्वश्रेष्ठ नायिका का दर्जा दिया।

'कर्म' फ़िल्म पर भारत कोकिला ने भी इस प्रकार टिप्पणी की, "मैं 'कर्म' को एक साहसपूर्ण प्रयास ही नहीं, बल्कि एक उल्लेखनीय उपलब्धि मानती हूं। यह चित्र अपने आप में एक तरफ निर्माता हिमांशु राय के विलक्षण साहस, कल्पनाशीलता, धैर्य तथा सूझ-बूझ की प्रशस्ति है, वहीं दूसरी ओर फ़िल्म की नायिका उस सुन्दर तथा प्रतिभा सम्पन्न कृषकाय नारी देविका रानी की प्रशस्ति है, जो नाटक के हृदय स्थल से रोमांस के जादुई फल के रूप में कुसमित होती प्रतीत होती है।"

सन् 1933 से 43 तक सिर्फ एक दशक ही देविका फ़िल्मों से जुड़ी रही। इस अवधि में उन्होंने मात्र 16 फ़िल्मों में अभिनय किया। सन् 1943 में बनी फ़िल्म 'हमारी बात' देविका रानी की अंतिम फ़िल्म थी। इन दस वर्षों में एक वर्ष तक वह फ़िल्मों से अलग-थलग रहीं। सन् 1940 में हिमांशु राय की आकस्मिक मृत्यु से देविका विचलित हो उठीं।

हिमांशु की मृत्यु के पश्चात् 'बांम्बे टॉकीज़' को देविका ने सम्भाल लिया और इसके बैनर तले 'पुनर्मिलन', 'बंधन', 'कंगन', 'झूला', 'बसंत',

'क़िस्मत' जैसी 9 फ़िल्में बनी जो सफल रहीं। 'क़िस्मत' फ़िल्म ने तो कलकत्ता के एक थियेटर में साढ़े तीन वर्ष लगातार चलकर एक रिकॉर्ड बनाया।

हिमांशु की मृत्यु के 5 वर्ष पश्चात् देविका ने अपने आपको 'बाम्बे टाकीज' से अलग कर लिया जबकि उस वक्त 'बाम्बे टाकीज' शीर्ष पर था।

सन् 1947 में देविका ने रूसी मूल के भारतीय चित्रकार स्वेतोस्लाव रोरिक से पुनर्विवाह किया।

सन् 1958 में भारत सरकार ने उन्हें 'पद्मश्री' अलंकार से सम्मानित किया। कुछ वर्ष तक भारत सरकार के दृश्य-श्रव्य शिक्षा-मंडल की सदस्य रहीं। संगीत नाटक अकादमी एवं ललित कला अकादमी की भी सदस्य रहीं। सन् 1978 में बल्गारिया सरकार ने सम्मान पदक प्रदान किया। सन् 1981 में 'इंडियन मोशन पिक्चर्स की ओर से श्रीमती इन्दिरा गांधी ने विशेष तमगा प्रदान किया।

प्रथम फाल्के पुरस्कार पाने वाली इस प्रथम अभिनेत्री का 9 मार्च 1994 को निधन हुआ।

बी.एन. सरकार
(1970)

बंगाल के एडवोकेट जनरल के पुत्र बीरेन्द्रनाथ सरकार (बी.एन. सरकार) ने इंग्लैंड से इंजीनियरिंग की डिग्री प्राप्त की। अध्ययन के दौरान उनका झुकाव इंजीनियरिंग की बजाय फ़िल्मों की ओर हो गया। उनका मानना था कि अपने मन की बात को सार्वजनिक करना अथवा देश व दुनिया को सार्थक संदेश देने का प्रमुख माध्यम फ़िल्में ही हैं।

अपने विचारों को मूर्त रूप देने के लिए उन्होंने बोलती फ़िल्में प्रदर्शित होने के कुछ समय पूर्व 10 फरवरी 1931 को कलकत्ता में 'न्यू थिएटर्स' की स्थापना की। रजिस्ट्रेशन भी उसी वर्ष हो गया और स्टूडियो का निर्माण भी प्रारम्भ हो गया।

फ़िल्म जगत में उन दिनों तीन बैनर ऐसे थे जिनकी धाक श्रेष्ठ और सौद्देश्य फ़िल्म निर्माण क्षेत्र में जम चुकी थी। बम्बई का 'बाम्बे टाकीज', पूना की 'प्रभात स्टूडियो' और कलकत्ता का 'न्यू थिएटर्स'। धाक के बावजूद उन दिनों सिनेमा के प्रति लोगों का दृष्टिकोण सकारात्मक नहीं था एवं फ़िल्मों के विषय में चर्चा करना अच्छा नहीं समझा जाता था।

लोगों की सोच बदलने में बी.एन. सफल रहे। 'न्यू थियेटर्स' की प्रथम फ़िल्म 'देव पावना' थी, जो प्रख्यात बंगला कथाकार शरतचन्द्र की कृति पर आधारित थी। प्रथम फ़िल्म दर्शकों को पसंद आई। इसके बाद निर्मित की गई फ़िल्में भी उद्देश्यपूर्ण एवं समाज को संदेश देने वाली थीं, जिनकी बदौलत न्यू थियेटर्स की प्रतिष्ठा में वृद्धि हुई।

न्यू थियेटर्स की प्रसिद्धि से प्रभावित होकर तत्कालीन भारतीय वायसराय लार्ड विलिंग्डन ने बी.एन. सरकार और उनकी टीम की प्रशंसा की तथा हर प्रकार के सहयोग का आश्वासन दिया।

कवि रवीन्द्रनाथ टैगोर के शांति निकेतन की सहायतार्थ बी.एन.

सरकार ने 'नारी पूजा' नाम से एक फ़िल्म का निर्माण किया, जिसमें शूटिंग के दौरान रविन्द्रनाथ स्वयं उपस्थित थे। सरकार की फ़िल्में 'पूरण भगत' और 'चंडीदास' लोकप्रिय रही। उस समय लाहौर में 'पूरण भगत' फ़िल्म देखने वालों की लम्बी कतारें महीनों तक लगी रहीं। इन दोनों फ़िल्मों की चलती लोकप्रियता के साथ ही उनकी अगली फ़िल्म 'देवदास' तो मील का पत्थर सिद्ध हुई। 'देव पावना' की तरह यह फ़िल्म (देवदास) भी बंगला कथाकार शरतचन्द्र की कृति पर आधारित थी। इस फ़िल्म से कई फ़िल्मी हस्तियों का आगमन हुआ। गायक अभिनेता कुन्दन लाल सहगल ने नायक की भूमिका निभाई। तिमिर बरन का संगीत, केदार शर्मा का निर्देशन एवं विमल राय का छायांकन इस फ़िल्म में था।

शुरुआती समय में सरकार ने संगीतकार आर.सी. बोराल के साथ मिलकर संगीत की मजबूत बुनियाद रखी। यह जोड़ी काफ़ी समय तक लोकप्रिय फ़िल्में व संगीत देती रही।

न्यू थियेटर्स ने ही अभिनेत्री कानन देवी, संगीतकार पंकज मलिक, रायचन्द्र बोराल, तिमिर बरन, गायक कुंदन लाल सहगल, गायक के.सी. डे. पहाड़ी सान्याल को पहचान और प्रसिद्धि दी।

देश के दूसरे थियेटरों की तरह न्यू थियेटर्स में भी सभी कलाकार माहवारी वेतन पर काम करते थे। कलाकारों की मनमानी नहीं चलती थी। सबको अनुशासित तरीके से काम करना होता था। फ़िल्म 'देवदास' में सरकार कानन देवी को हीरोइन की भूमिका में लेना चाहते थे, मगर तब तक कानन लोकप्रिय हो चुकी थीं, फलस्वरूप उसी अनुरूप उनके नख़रों में भी वृद्धि हुई थी। सरकार को यह पसंद न था, अतः उन्होंने 'देवदास' से कानन को हटाकर जमुना को ले लिया।

न्यू थियेटर्स की अंतिम फ़िल्म 'बकुल' (1954) थी।

18 नवंबर 1980 को उनका निधन हो गया।

पृथ्वीराज कपूर

(1971)

वर्तमान में पाकिस्तान स्थित समुन्दरी और लायलपुर में अपनी प्रारम्भिक शिक्षा ग्रहण करने के पश्चात् पृथ्वीराज ने पेशावर से स्नातक उपाधि हासिल की। 17 वर्ष की उम्र में सन् 1923 (10 दिसम्बर) को पृथ्वीराज का रमादेवी से विवाह हुआ। विवाह के वक्त वे छह फीट लम्बे एक खूबसूरत युवा के रूप में विकसित हो चुके थे।

शादी के पश्चात् पृथ्वीराज ने कानून की पढ़ाई के लिए लाहौर के राजकीय कॉलेज में प्रवेश लिया, जहां प्रतिभावान शिक्षार्थियों को ही प्रवेश मिलता था। उस वक्त तक अभिनय का खयाल उनसे दिमाग में नहीं आया था। एक रोज हास्टल के पते पर उनकी पत्नी का पत्र आया। पत्र हिन्दी भाषा में था। पृथ्वीराज को हिन्दी न के बराबर आती थी। उन्होंने अपने रूम पार्टनर पूर्णसिंह से चिट्टी पढ़वाई। पूर्ण सिंह की सलाह एवं स्वयं में कुछ कर गुजरने की भावना के चलते उन्होंने लगभग 8 माह में अच्छी तरह हिन्दी पढ़ना-लिखना-शुद्ध बोलना सीख लिया था। पूर्ण सिंह ने कहा कि तुम्हारे बोलने का लहजा तो किसी स्टेज कलाकार सा है। उसी समय पृथ्वीराज के दिमाग में फ़िल्म कलाकार बनने की भावना जागृत हुई।

पृथ्वीराज कॉलेज को अलविदा कहकर तथा अपनी पत्नी रमा और बेटे रणवीर राजकपूर को पेशावर छोड़कर बम्बई आ पहुंचे। गोरेगांव में निर्माता-निर्देशक आर्देशिर इरानी की इम्पीरियल फ़िल्म कम्पनी में भर्ती हो गए। रहने के लिए ठौर मिला, बम्बई के 'लाल बत्ती' क्षेत्र 'फोरास रोड' के बदनाम इलाक़े में।

पृथ्वीराज को आर्देशिर ने पहली बार "चैलेंज" (1929) फ़िल्म में उस वक्त के चरित्र सितारे ई. बिलीमोरिया और एमर्लिन के साथ एक

छोटी-सी भूमिका निभाने का मौका दिया। उनकी अभिनय अदायगी और आकर्षक व्यक्तित्व से प्रभावित होकर आर्देशिर ने उसी वर्ष (1929) में "सिनेमा गर्ल" फ़िल्म में हीरो बना दिया। इस मूक फ़िल्म की हीरोइन थी, एमर्लिन।

आर्देशिर इरानी की देश की पहली बोलती फ़िल्म 'आलमआरा' (1931) में उन्होंने नायिका जुबैदा के पिता की भूमिका निभाई जो राजा के सेनापति थे।

एक दशक पश्चात् उनकी अर्थिक स्थिति सुदृढ़ हो गई और उन्होंने माटुंगा में एक फ्लैट खरीद लिया जहां मेहमानों और उनके रिश्तेदारों की चहल-पहल बनी रहती।

पृथ्वीराज फ़िल्मों के सिकन्दर ही नहीं, अपितु मुकद्दर के सिकन्दर भी थे जिन्होंने सिकन्दर को जीवन्त कर दिया। सोहराब मोदी की फ़िल्म 'सिकन्दर' में उन्होंने सिकन्दर की भूमिका निभाई। "सिकन्दर ए आजम" में उन्होंने पोरस की भूमिका निभाई तो 'रूस्तम सोहराब' में रूस्तम की भूमिका। इन तीनों ही प्रकार की भूमिकाओं में पृथ्वीराज कपूर ने अपने कालजयी अभिनय की छाप छोड़ी। फ़िल्मों में वे 'पापाजी' नाम से मशहूर थे।

'आवारा' फ़िल्म में अपने पिता विशेश्वरनाथ कपूर एवं बेटे राजकपूर के साथ उन्होंने अभिनय किया तो 'कल आज और कल' फ़िल्म में अपने बेटे राजकपूर और पोते रणधीर कपूर के साथ अभिनय अदायगी की। वर्तमान में कपूर खानदान की पांचवी पीढ़ी फ़िल्मों में सक्रिय एवं लोकप्रिय हैं।

सन् 1984 में फ़िल्मी पत्रिका 'माधुरी' में जुबली स्टार राजेन्द्र कुमार ने पृथ्वीराज पर अपने संस्मरण लिखे जिसकी छोटी सी झलक प्रस्तुत है –

पापा पृथ्वीराज जी को मैं बहुत नजदीक से जानता था। वे सिर से पांव तक सभी के लिए प्यार की मूर्ति थे। जब मिलते, प्यार से गले

लगाते और सचमुच ऐसा लगता था, जैसे किसी पिता ने अपने पुत्र को सीने से लगा लिया हो। मेरे ख़्याल से शायद ही हमारी फ़िल्म इन्डस्ट्री में फिर कोई वैसा इन्सान आए। उनसे पहले कोई आया होगा, तो मैं नहीं जानता, लेकिन उनके होते हुए और उनके बाद अभी तक तो वैसा इन्सान देखा नहीं। जब मैंने तय किया कि मैं फ़िल्मों में जाऊंगा, तो मुझे याद है कि मेरे पिताजी दिल्ली स्टेशन पर मुझे गाड़ी में बैठाने आए थे और उस वक्त आखिरी नसीहत के तौर पर उन्होंने कहा था, 'तुम फ़िल्मों में जा रहे हो। भगवान तुम्हें कामयाबी दे, लेकिन मुझे बहुत खुशी होगी अगर मुझे पता चले कि मेरा बेटा पृथ्वीराज कपूर की तरह नेकनामी कमा रहा है।' और सचमुच समाज में जितनी इज्जत और मान पृथ्वीराज जी को मिलता था, मैंने नहीं देखा कि किसी और फ़िल्मी कलाकार को नसीब हुआ हो। मैंने उनके साथ सिर्फ एक फ़िल्म 'जिन्दगी' में काम किया हैं। फ़िल्म में बाप-बेटे का रोल था हमारा। एक सीन में मेरा एक्सीडेंट हो जाता है। मैं बेहोश पड़ा हूं। बेहोश बेटे को गोद में उठाते हुए सीढ़ियां चढ़कर उसे उसके कमरे में ले जाना था। पापाजी के पांव में उन दिनों बहुत तकलीफ थी। अच्छी तरह चल नहीं सकते थे। तकलीफ की वजह से फ़िल्म निर्माता वासन ने डुप्लीकेट का सहारा लेना चाहा। पापाजी ने साफ इन्कार कर दिया, "नहीं, यह बिल्कुल नहीं हो सकता। बेटा मेरा है। मैं ही उसे गोद में लेकर ऊपर जाऊंगा। ऐसा नहीं कर सका तो इसके बाद के सीन में बाप का जज्बा कहां से लाऊंगा?" और वह शॉट उन्होंने खुद दिया।

फ़िल्मी सफरनामा पृथ्वीराज कपूर

1. चैलेन्ज (1929) मूक
2. सिनेमा गर्ल (1930) मूक
3. द अरेबियन नाइट (1930) मूक
4. विजय कुमार (1930) मूक

5. तूफान (1931) मूक
6. ए विंड फार द थ्रोन (1931) सवाक
7. एवेंजिंग एंजल (1931)
8. ए वेजर इन लव (1931)
9. चिल्डर्न आफ द स्टोर्स (1931)
10. आलमआरा (1931)
11. द्रोपदी (1931)
12. दगाबाज आशिक (1931)
13. राजरानी मीरा (1933)
14. डाकू मंसूर (1934)
15. सीता (1934)
16. रामायण (1934)
17. इन्क्लाब (1935)
18. आफ्टर द अर्थ क्वेक (1935)
19. मंजिल (1936)
20. मिलाप (1937)
21. प्रेसीडेंट (1937)
22. विद्यापति (1937)
23. अनाथ आश्रम (1937)
24. अभागिन (1938)
25. दुश्मन (1938)
26. सपेरा (1939)
27. अधूरी कहानी (1939)

28. आज का हिन्दुस्तान (1940)
29. चिंगारी (1940)
30. पागल (1940)
31. दीपक (1940)
32. सजनी (1940)
33. राजनर्तकी (कोर्ट डांसर) (1941)
34. सिकन्दर (1941)
35. उजाला (1942)
36. एकरात (1942)
37. इशारा (1943)
38. भलाई (1943)
39. आंख की शर्म (1943)
40. गौरी (1943)
41. महारथी कर्ण (1944)
42. फूल (1944)
43. नल दमयंती (1945)
44. देवदासी (1945)
45. श्री कृष्ण युद्ध (1945)
46. विक्रमादित्य (1945)
47. वाल्मिकी (1946)
48. पृथ्वीराज संयुक्ता (1946)
49. परशुराम (1947)
50. आजादी की राह पर (1948)

51. दहेज (1950)
52. हिन्दुस्तान हमारा (1950)
53. आवारा (1951)
54. आनन्दमठ (1952)
55. छत्रपति शिवाजी (1952)
56. पैसा (1957)
57. परदेशी (1957)
58. लाजवंती (1958)
59. मुगल-ए-आजम (1960)
60. सेनापति (1961)
61. हरिश्चन्द्र तारामती (1963)
62. रूस्तम सोहराब (1963)
63. गज़ल (1964)
64. जहांआरा (1964)
65. राजकुमार (1964)
66. जिन्दगी (1964)
67. जहां सती वहां भगवान (1965)
68. श्रीराम भरत मिलाप (1965)
69. आसमान महल (1965)
70. जानवर (1965)
71. लुटेरा (1965)
72. सिकन्दर-ए-आजम (1965)
73. डाकू मंगल सिंह (1966)

74. लाल बंगला (1966)

75. ये रात फिर ना आयेगी (1966)

76. बलराम श्रीकृष्ण (1968)

77. तीन बहुरानियां (1968)

78. सती सुलोचना (1969)

79. नानक नाम जहाज है (1969)

80. हीर रांझा (1970)

81. कल आज और कल (1971)

82. नागपंचमी (1972)

83. बाम्बे बाई नाइट (1976) (मृत्यु के चार वर्षों पश्चात् प्रदर्शित)

पृथ्वी थियेटर्स के तहत अभिनीत और निर्देशित नाटक

- शकुंतला
- दीवार
- गद्दार
- आहुति
- पठान
- कलाकार
- पैसा
- किसान

जन्म 3 नवम्बर 1906 में। नाटकों से फ़िल्मों में आए। उन्होंने सही मायने में फ़िल्मों को मनोरंजन से भरपूर गति दी एवं अभिनय को बुलंदियों पर पहुंचाया। देश की प्रथम बोलती फ़िल्म 'आलमआरा' (1931) में उन्होंने अभिनय किया। वैसे उनकी प्रथम फ़िल्म 'चैलेंज'

(गूंगी) थी, जो सन् 1929 में बनी थी। पृथ्वीराज की अंतिम पारिवारिक फ़िल्म 'कल आज और कल' थी। इस फ़िल्म में कपूर परिवार की तीन पीढ़ियों ने अभिनय किया। इससे पहले "आवारा" फ़िल्म में तीन पीढ़िया थीं। पृथ्वीराज कपूर का व्यक्तित्व मोहक था। उन दिनों अभिनय का विकास नहीं हुआ था और अभिनेता का व्यक्तित्व ही एक मात्र मानदंड था। राजा महाराजा एवं राजपूत की भूमिकाओं में वे जान डाल देते थे। ऊपर से उनकी संवाद अदायगी सचमुच में यह भ्रम पैदा कर देती थी कि वास्तव में वह किसी शाही घराने से हैं। फ़िल्म 'विद्यापति' में राजा की भूमिका में वह सुचमुच के राजा नज़र आए। 'राजरानी मीरा' में भी उनकी यादगार भूमिका थी। साहराब मोदी की फ़िल्म 'सिकन्दर' से अभिनय में वह चोटी के सितारे हो गए।

पृथ्वीराज अपनी भूमिका पर गहन विचार कर कड़ी मेहनत करते थे। नाटकों और फ़िल्मों के प्रति तन-मन से समर्पित थे। फ़िल्म 'मुगल-ए-आजम' में अकबर की भूमिका उन्होंने कुछ इस तरह निभाई कि अफसाने के सामने ऐतिहासिक गौण हो गया। इस फ़िल्म में उन्होंने सचमुच का जिरह बख्तर पहना, जो बहुत वज़नदार और तकलीफ़ देने वाला था। इस फ़िल्म के एक शॉट में अकबर की आंखों में खून उतर आने का दृश्य था। बड़ी तकलीफ देने वाली प्रक्रिया से गुजरकर उन्होंने इस दृश्य को हू-ब-हू प्रस्तुत कर दिया। पृथ्वीराज का अभिनय उनके विराट व्यक्तित्व का ही हिस्सा था।

पृथ्वीराज ने 15 वर्षों तक 'पृथ्वी थियेटर' का संचालन किया और 130 शहरों में 2 हजार 700 शो किए। पृथ्वी थियेटर ने अनेक फ़िल्मी हस्तियों को स्थान दिया, उन्हें सजाया-संवारा। शंकर जयकिशन, राम गांगुली, रमेश सहगल, अपने तीनों पुत्रों (राज, शशि, शम्मी), सज्जन, इन्दरराज आनन्द आदि हस्तियां पृथ्वी थियेटर की देन रहीं। राष्ट्रीय फ़िल्म एवं टेलीविजन संस्थान, पुणे से पूर्व पृथ्वी थियेटर ही वह संस्थान था, जिसने फ़िल्म उद्योग को अनूठी प्रतिभाएं देकर विकसित किया।

पृथ्वीराज उस समय सक्रिय थे, जब समाज का अभिजात्य वर्ग

सिनेमा को बुरी नज़र से देखता था। पृथ्वीराज ने पर्दे पर और पर्दे के बाहर इतना गरिमामय आचरण किया कि वह पहले फ़िल्मी व्यक्ति थे, जिनका सम्मान सामाजिक संस्थाओं ने किया और लोगों ने सिनेमा के प्रति अपना दृष्टिकोण बदला।

साम्प्रदायिक हिंसा के दौरान पृथ्वीराज ने अपने नाटकों द्वारा कौमी एकता का संदेश दिया और हिंसाग्रस्त क्षेत्रों का दौरा किया। दंगा पीड़ितों एवं बाढ़ प्रभावितों की मदद के लिए धन इकट्ठा करके उनकी मदद की तथा सामाजिक संस्थाओं को अपनी हैसियत के अनुसार दान दिया। इसके बाद भी वह किराए के मकान में रहे और सादगीपूर्ण जीवन व्यतीत किया।

'सिकन्दर' फ़िल्म ने पृथ्वीराज को सुपर हिट सितारा बना दिया। उस समय में फ़िल्मों में अभिनय करने का उनका पारिश्रमिक सर्वाधि‍क था। प्रति फ़िल्म पृथ्वीराज 1 लाख 11 हजार रुपया लिया करते थे, उन्होंने कभी कालाधन नहीं लिया। 42 वर्षों के फ़िल्मी जीवन में उन्होंने 83 फ़िल्मों में काम किया।

भारतीय संसद में राज्य-सभा में मनोनीत होने वाले वह पहले फ़िल्मी सांसद थे।

उनकी प्रमुख फ़िल्में थीं – 'सिनेमा गर्ल', 'आलमआरा' (प्रथम बोलती फ़िल्म), 'पागल', 'मिलाप', 'विद्यापति', 'सपेरा', 'मंजिल', 'सिकन्दर', 'उजाला', 'आंख की शर्म', 'सीता', 'बाल्मिकी', 'देवदासी', 'दहेज', 'आनन्दमठ', 'आवारा', 'तीन बहुरानियाँ' 'मुगल-ए-आजम', 'आज कल और आज'।

उनका निधन 29 मई 1972 को हुआ। उनके निधन पर राष्ट्रकवि मैथिली शरण गुप्त ने अपनी निम्नांकित दो पंक्तियां लिखकर श्रद्धांजलि दी –

रहकर भी बहुरूप, हो अद्वितीय ही आज।
होते कहीं अनेक तुम, प्रियवर पृथ्वीराज।

उन्हें मरणोपरांत सन् 1971 का 'दादा साहेब फाल्के सम्मान' सन् 1972 में प्रदान किया गया, जिसे उनके पुत्र अभिनेता-निर्माता राजकपूर ने ग्रहण किया।

फाल्के पुरस्कार जीवित फ़िल्मी हस्तियों को ही दिया जाता है। एक कमेटी द्वारा सम्मान के लिए एक फ़िल्मी हस्ती का चयन किया जाता है। चयन की गई फ़िल्मी हस्ती का उस दौरान निधन हो जाता है, तब ऐसी सूरत में ही मरणोपरांत फाल्के सम्मान दिया जाता है।

पंकज मलिक
(1972)

पंकज मलिक का जन्म 1904 कलकत्ता में हुआ। पढ़ाई के वक्त उनका रूझान संगीत की ओर हो गया था। घरवालों के सामने अपना रुझान ज़ाहिर किया। थोड़ी ना-नुकर के बाद घर की ओर से संगीत सीखने की इजाज़त मिल गई। संगीताचार्य दुर्गादास बनर्जी से छह वर्ष तक संगीत की शिक्षा प्राप्त की। संगीत में पाए ज्ञान अन्य लोगों में बांटने के लिए वह कोई उपाय सोचने लगे। आखिरकार लेखक के रूप में अपने अनुभव का प्रसार करने का मन बनाया। उन्होंने इस संबंध में चार पुस्तकें लिखीं, जिनमें स्वर लिपि को परिभाषित करने वाली भी एक पुस्तक थी।

संगीतकार पंकज मलिक ने फ़िल्म जगत में सन् 1926 से बतौर गायक अपना कॅरियर शुरू किया। गायकी में सफल रहे, मगर इसके बावजूद भी उन्होंने गायक सहगल को प्रमुखता दी और अपने गाए हुए गीत भी सहगल से गवाए। फ़िल्मों के महारथी बी.एन. सरकार (निर्माता), बरुआ (गायक-संगीतकार) भी पंकज के गायन को परिपक्व बताते थे, इस पर भी पंकज ने 'माई मिस्टर' फ़िल्म के लिए गाए अपने गाने 'छुपो ना छुपो ओ प्यारी सजनियां', 'दो नैना मतवारे तिहारे, जुल्म करें', से पूर्णतया संतुष्ट न थे, फलस्वरूप इनको दोबारा सहगल से गवाया। यह उनका बड़प्पन था।

पंकज से कोई गाने का आग्रह करता, तो बिना पारिश्रमिक लिए तैयार हो जाते और समारोह में चार चांद लगा देते थे। एक बार वह स्टूडियो में हारमोनियम पर कोई धुन बना रहे थे, तभी कॉलेज से कुछ छात्र उनके पास आए और कॉलेज के जलसे में आने का निवेदन किया। वह तुरंत उनके साथ चलने को तैयार हो गए। वहां गायक के.सी.डे. ने हस्तक्षेप करते हुए छात्रों से गायन के बदले उचित पारिश्रमिक देने पर जोर दिया। इस घटना के बाद उन्होंने अर्थ की दुनियादारी सीखी।

'वंदेमातरम्' गायन की मनभावन और यादगार धुनें देने से पंकज बहुचर्चित हुए। उन्होंने रवीन्द्र संगीत को मूर्त रूप देने में लोक-धुनों और शास्त्रीय संगीत के साथ पश्चिमी संगीत का संगम कर उसे बहुआयामी संगीत में बदल दिया। उसे बंगाल से बाहर लाकर सारे हिन्दुस्तान को परिचित करवाया।

न्यू थियेटर्स की सफल फ़िल्म 'मुक्ति' में रवीन्द्र संगीत का प्रयोग जिस कुशलता से किया गया, वह अपने आप में बेमिसाल है। कवि रवीन्द्र जैसे ख्याति प्राप्त व्यक्ति अपनी कहानी पर आधारित फ़िल्मों में अपने ही गीत देते थे, लेकिन उनकी प्रतिभा को पहचानते हुए उन्हांने पंकज मलिक का भी सहयोग किया, जो एक असाधारण बात थी।

सन् 1926 में कलकत्ता में रेडियो केन्द्र खुला। तभी से सन् 1975 तक रेडियो से भी जुड़े रहे और प्रत्येक रविवार की सुबह संगीत के पाठ रेडियो के माध्यम से सुनाकर श्रोताओं और प्रशिक्षकों को संगीत से परिचित कराते रहे।

दुर्गा पूजा के अवसर पर प्रत्येक वर्ष 'महिषासुर मर्दिनी' नामक कार्यक्रम प्रस्तुत करते थे, जो बेहद लोकप्रिय था।

सन् 1970 में भारत सरकार ने उन्हें 'पद्मश्री' अलंकार प्रदान किया। सन् 1975 में 'रवीन्द्र तत्वाचार्य' एवं 1976 में ग्रामोफोन कम्पनी ऑफ इंडिया का 'गोल्डन डिस्क' अलंकार प्रदान किया गया। वह प्रारम्भिक दौर में भी सन् 1932 में 'सुर सागर' एवं सन् 1956 में 'संगीत रत्नाकर' सम्मान भी प्राप्त कर चुके थे।

पंकज के लोकप्रिय गीत-'चले पवन की चाल' तथा 'आई बहार आई' (डॉक्टर), 'ये कौन आया सबेरे-सबेरे' (नर्तकी), कौन देश है जाना बाबुल (मुक्ति), 'ये रातें ये मौसम, 'मैंने आज पिया, प्राण चाहे नैना ना चाहे (गीत)। पंकज मलिक का निधन 19 फरवरी 1978 को हुआ।

सुलोचना
(1973)

जन्म 1907 में। कान्वेंट में शिक्षित, कुछ समय टेलीफ़ोन आपरेटर एवं टाइपिस्ट रही रूबी मेयर्स ने सन् 1925 में फ़िल्मी दुनिया में प्रवेश किया। फ़िल्म उद्योग के शुरुआती वर्षों में फ़िल्मों में लड़कियों का आगमन नहीं हुआ था। फ़िल्म व्यवसाय उस काल में अच्छा नहीं समझा जाता था। फ़िल्मों के प्रारम्भिक काल में कोठों से नायिकाएं (तवायफें) लानी पड़ीं या फिर एंग्लो-इंडियन लड़कियों को लाया गया। उन्हें फ़िल्मों में काम करने में कोई बुराई नज़र न आई। ऐसे में कोहेनूर फ़िल्म कम्पनी के मालिक मोहन भावनानी ने अपनी फ़िल्म 'वीरबाला' (1925) में रूबी मेयर्स को प्रस्तुत किया। प्रारम्भिक समय में फ़िल्में मूक बनती थीं, अतः एंग्लो इंडियन या इस तरह की अन्य लड़कियों के सामने भाषा की कोई समस्या न थी।

उस समय के फ़िल्मी कलाकार, गीतकार, संगीतकार आदि मासिक वेतन पर काम करते थे। रूबी की प्रथम फ़िल्म सफल रही। अतः उसका मासिक वेतन एक हजार रुपए कर दिया गया जो उस समय में बहुत बड़ी राशि थी। दो अन्य फ़िल्में 'टेलीफोन गर्ल' तथा 'सिनेमा क्वीन' की सफलता के पश्चात् रूबी का मासिक वेतन पांच हजार रुपए कर दिया गया। मासिक वेतन की बढ़ोतरी के साथ ही फ़िल्म के प्रचार में उसका नाम 'मेयर्स' के उच्चारण में कुछ कठिनाई महसूस होती थी, अतः रूबी मेयर्स का नाम 'सुलोचना' कर दिया गया और जीवन के अंतिम काल तक इसी नाम से उनकी पहचान बनी।

बीस और तीस के दशक में सुलोचना बॉक्स आफिस की हिट नायिका रही। कभी उन्हें 'सपनों की रानी' के रूप में प्रचारित किया जाता, तो कभी 'रोमांस की रानी' के रूप में। 'जंगल की रानी' फ़िल्म के हिट होने पर 'जंगल की रानी' के रूप में प्रचारित किया जाने लगा।

सुलोचना का फ़िल्मी जीवन 15 वर्षों का ही रहा। बोलती फ़िल्म शुरू हो जाने के पश्चात् उन्होंने अपने आपको फ़िल्मों से अलग कर लिया। 15 वर्षों के फ़िल्मी जीवन में सुलोचना ने 'इम्पीरिअल' फ़िल्म कंपनी की 37 और 'कोहेनूर' कम्पनी की 9 फ़िल्मों में काम किया। सुलोचना ने सर्वाधिक फ़िल्में डी. बिलीमोरिया (अभिनेता) के साथ की। इस युगल की 'अनारकली' (1928) फ़िल्म सुपर हिट रही। फ़िल्मिस्तान की बीनाराय वाली 'अनारकली' में सुलोचना ने जोधा बाई का रोल किया था।

सुलोचना ने अपनी फ़िल्म कम्पनी रूबी फ़िल्मस बनाई, जिसके बैनर तले 'प्रेम की ज्योति' (1938) फ़िल्म आई। नायिका के रूप में सुलोचना की यह अंतिम फ़िल्म थी।

काफ़ी समय पश्चात् सुलोचना अभिनेत्री नलिनी जयवंत के साथ सहनायिका के रोल में 'आंख मिचौली' (1942) फ़िल्म में नज़र आईं। फ़िल्म 'शाहजहां' में वह मुमताज़ महल की सहेली बनीं। सन् 1942 से 47 के मध्य सुलोचना अन्य चार फ़िल्मों में छोटे-मोटे रोल में नज़र आईं।

सुलोचना की प्रमुख फ़िल्में थीं – 'लवर्स सेक्रिफाइस', 'वीरबाला' (1926), 'टाइपिस्ट गर्ल,' 'माधुरी' (1932) 'इन्दिरा एम.ए. सुलोचना', 'बम्बई की बिल्ली', 'दया की देवी', 'जंगल की रानी', 'अनारकली', 'बाहरी दुनिया', 'दो घड़ी की मौज', 'पागल प्रेमी' इत्यादि।

37 वर्षों पश्चात् जब फाल्के सम्मान ग्रहण करने के लिए उन्हें आमंत्रित किया गया, तब तक सुलोचना अपनी स्मरणशक्ति खो चुकी थीं। फ़िल्म जगत की सुन्दरी सुलोचना की मौत लावारिसों की तरह हुई। उनके निधन का साल 1983 था।

बी. एन. रेड्डी
(1974)

बी. एन. रेड्डी का जन्म 16 नवंबर 1908 को आन्ध्र प्रदेश में हुआ। पूरा नाम बोम्मी नरसिम्हा रेड्डी था। स्कूली शिक्षा के बाद वे भी ऑडिटिंग में डिप्लोमाधारी हो गए, मगर आकड़ों में उलझे रहने के कारण उन्हें ऑडिटिंग से बोरियत होने लगी और वह शांति निकेतन चले गए। वहां उन्होंने नाटकों का अध्ययन किया।

तीस के दशक में वे एच.एम. रेड्डी के साथ जुड़ गए, जो कोल्हापुर और बम्बई जाकर फ़िल्में बनाते थे। रेड्डी ने पहली बार 'गृहलक्ष्मी' (1937) फ़िल्म के लिए पटकथा लिखी। यहीं से उन्होंने फ़िल्म निर्माण के तौर तरीके सीखे।

'वन्देमातरम्' उनकी पहली फ़िल्म थी। सामाजिक समस्याओं, यथा बेरोजगारी, दहेज, घरेलू झगड़े, सास-बहू की तकरार विषयक फ़िल्मों की उनकी अच्छी पकड़ थी। दर्शकों और समीक्षकों से मिली प्रशंसा से उत्साहित होकर बोम्मी ने विधवा के पुनर्विवाह का विषय लेकर 'सुमंगली' फ़िल्म का निर्माण किया। तत्कालीन समय में इस प्रकार का विचार प्रकट करना एक साहसी क़दम था। उस समय दक़ियानूसी समाज में विधवा का दोबारा विवाह करना तो दूर की बात थी, मांगलिक कार्यों में उसकी शक्ल देखना भी पाप समझा जाता था। वैसे समय में बोम्मी ने ऐसी फ़िल्म बनाने का साहस किया था, मगर रूढ़िवादिता से ग्रस्त समाज और उसी विचारधारा में ढले दर्शकों ने फ़िल्म को महत्व नहीं दिया। नतीजन फ़िल्म फ्लॉप रही।

साहसी बोम्मी को झटका तो लगा, मगर निराश नहीं हुए और फिर से विवाह पूर्व संबन्धों पर केन्द्रित एक फ़िल्म 'देवता' का निर्माण किया। यह फ़िल्म सफल रही। इस फ़िल्म की तारीफ में फ़िल्मों के पितामह दादा

साहेब फाल्के, देवकी बोस एवं वी. शांताराम ने संयुक्त रूप से वक्तव्य जारी किए एवं अन्य निर्माताओं को भी इस प्रकार के विषयों पर फ़िल्में बनाने को कहा।

बोम्मी ने सन् 1946 में 'वाहिनी स्टूडियो' स्थापित किया, जो भारत का श्रेष्ठ स्टूडियो कहलाया। दक्षिण भारत में 'वाहिनी' का नाम सम्मान के साथ लिया जाता है। स्टूडियो स्थापना के पश्चात् बोम्मी ने धार्मिक या पौराणिक फ़िल्में बनाने के बजाय सामाजिक जाग्रति विषयों की फ़िल्मों को प्राथमिता दी।

एल.बी. प्रसाद की भांति बोम्मी ने तमिल, तेलुगु, कन्नड़ एवं मलयालम में फ़िल्मों का निर्माण किया। उनकी फ़िल्मों से लोकप्रियता प्राप्त कर एम.जी. रामचन्द्रन राजनीति में आए। बोम्मी की क्षेत्रीय फ़िल्मों में काम कर चुकी लगभग सभी अभिनेत्रियों ने हिन्दी फ़िल्मों में आकर अपार लोकप्रियता प्राप्त की। तेलुगु अभिनेता एन.टी. रामाराव एवं कन्नड़ अभिनेता राजकुमार को आगे लाने में बोम्मी की भूमिका महत्वपूर्ण रही।

तिरुपति विश्वविद्यालय ने बोम्मी को डी. लिट् उपाधि से अलंकृत किया। भारत सरकार द्वारा उन्हें पद्मभूषण सम्मान भी मिल चुका है।

बोम्मी की प्रमुख फ़िल्में-'वंदेमातरम्' (1936), 'सुमंगली' (1940), 'देवता' (1944), 'स्वर्ग सीमा' (1945), 'मल्लेश्वरी' (1954), 'भाग्य रेखा' (1957), 'रंगूला रत्नम्' (1966)।

बी. एन. रेड्डी का निधन 8 नवम्बर 1977 को हुआ।

धीरेन गांगुली
(1975)

धीरेन गांगुली का जन्म 26 मार्च 1893 को हुआ। डी.जी. (धीरेन गांगुली) नाम से विख्यात फ़िल्मकार ने फ़िल्मी पैरोडियों, मुक्तक एवं ग़ज़ल लेखन से अपनी पहचान बनाते हुए गीत लेखन में अपना स्थान बनाया। इससे परे हटकर फ़िल्म समीक्षक बने। धीरेन के बड़े भाई नगेन्द्र नाथ प्रसिद्ध बंगला कवि रवीन्द्रनाथ के दामाद थे। धीरेन्द्र ने शांति निकेतन में शिक्षा ग्रहण की। उसके पश्चात् निज़ाम कला महाविद्यालय, हैदराबाद में शिक्षक बने।

अध्यापन के साथ ही उनका लेखन भी चलता रहा। फुटकर रूप में यत्र-तत्र लिखते रहने के पश्चात् उन्होंने पुस्तक लेखन का मानस बनाया। छायांकन पर एक पुस्तक लिखी। पुस्तक चर्चित रही, जिसकी वजह से फ़िल्म जगत में प्रवेश का रास्ता सुगम हुआ। परिवार की नाराज़गी के बावजूद उन्होंने फ़िल्मों में काम करना शुरू कर दिया। कलकत्ता की फ़िल्म कम्पनी 'मदान' ने अपने यहां आमंत्रित किया। कुछ समय इस कम्पनी को सहयोग किया।

'मदान' कम्पनी में धीरेन की विचारधारा के कुछ लोग मिल गए। उन्हें साथ लेकर अपनी एक अलग फ़िल्म कम्पनी बना ली। इस कम्पनी के तहत एक व्यंग्यात्मक फ़िल्म 'इंग्लैंड रिटर्न' बनाई। इस फ़िल्म में विलायत (विदेश) से लौटे एक बंगाली मोशाय को हंसी का पात्र बनाया गया, जो बात-बात में भारत देश की हर वस्तु की आलोचना करता, उसे तिरस्कार भरी नज़रों से देखता था।

इस पहली फ़िल्म के पश्चात् वह पुनः लेखन में जुट गए और हैदराबाद चले गए। दो वर्षों के अंतराल के पश्चात् डी.जी. ने दूसरी फ़िल्म 'रजिया बेगम' (1924) का निर्माण किया। इस फ़िल्म के निर्माण से निज़ाम हैदराबाद बड़े खफ़ा हुए। फ़िल्म में एक बेगम का एक हिन्दू लड़के से प्रेम दिखाया गया था। उस दौर में यह बहुत बड़ी घटना थी। निज़ाम ने

फरमान जारी किया कि 24 घंटों के अन्दर हैदराबाद से पलायन कर जाएं अन्यथा धीरेन को क़ैदखाने में बंदी बना लिया जाएगा।

धीरेन पुनः कलकत्ता लौटे और 'न्यू थियेटर्स' के बैनर तले कुछ फ़िल्में बनाईं। उन्होंने अपनी पत्नी रमोला को अभिनय की बारीकियों से अवगत कराया और कुछ फ़िल्मों की नायिका बनाया।

भारतीय फ़िल्म उद्योग के साक्षी धीरेन को सन् 1974 में 'पद्म-भूषण' सम्मान से अलंकृत किया गया। उन्होंने कुल 53 फ़िल्मों का निर्माण किया।

धीरेन गांगुली की प्रमुख फ़िल्में 'इंग्लैंड रिटर्न', 'बिलात फेरात', 'यशोधानन्दन' (1921), 'साधु या शैतान' (1922), 'द मैरिज टॉनिक', 'ययाति, 'चिंतामणि' (1923), 'रजिया बेगम' (1924), 'चरित्रहीन' (1931), 'एक्सक्यूज मी सर' (1934) 'विद्रोही' (1935 बंगला के साथ हिन्दी में भी), 'आहुति' (1944), 'शेष निवेदन' (1948), 'कार्टून' (1949),।

धीरेन गांगुली का निधन 18 नवंबर 1978 को कलकत्ता में हुआ।

कानन देवी

(1976)

कानन देवी का जन्म अप्रैल 1916 में हुआ। गायिका-अभिनेत्री कानन ने छोटी अवस्था में फ़िल्मों में प्रवेश किया। उनकी पहली फ़िल्म जयदेव (1926) थी। सन् 1931 से बोलती फ़िल्मों का चलन शुरू हुआ, तब तक वह बच्ची से किशोरी बन चुकी थी। फ़िल्म 'ऋषिप्रेम' (1931) में कानन ने अभिनय के पश्चात् पहली बार गायन से दर्शकों-श्रोताओं को अपनी नई पहचान कराई। अभिनय में परिपक्व होने के साथ ही गायकी में भी निखार आया और दर्शकों-श्रोताओं को बांधे रखने की महारथता हासिल हुई।

आरम्भ में कानन ने बंगला में गीत गाए तत्पश्चात् हिन्दी गीतों को स्वर दिया। लखनऊ के उस्ताद अल्लारक्खा से उन्होंने कुछ दिनों तक संगीत की तालीम ली। तबला बजाना भी सीखा।

'श्रीगोरांग', 'मां मानमयर', 'गर्ल्स स्कूल', 'कंठहार', 'कृष्ण-सुदामा' आदि फ़िल्मों में कानन के अभिनय की सराहना हुई और इस दौरान गाए गीतों, 'निशीथ रातों के जाने' तथा 'भूले जदि आंगो प्रिय...' को लोकप्रियता मिली।

न्यू थियेटर्स, के प्रथमेश बरुआ ने कानन को बहुचर्चित फ़िल्म देवदास में लेना चाहा मगर 'राधा फ़िल्म्स' से हुए अनुबंध के चलते कानन वह फ़िल्म न कर सकी। राधा फिल्म्स से अनुबंध समाप्त होने के पश्चात् कानन न्यू थियेटर्स चली आई। इस फ़िल्म कम्पनी की 'मुक्ति' (1937) में कानन ने नायिका का रोल किया। नायक थे निर्देशक-निर्माता प्रथमेश बरुआ। इस फ़िल्म के अभिनय एवं गायिकी से कानन को और भी प्रसिद्धि मिली। इस फ़िल्म से ही वे कानन बाला से कानन देवी हो गईं। इसी में पंकज मलिक के संगीत-निर्देशन में कानन ने पहली बार रवीन्द्र संगीत गाया। 'तार विदाय बेलार माला खानी....' तथा 'आज सबार रंगे मेशार हबे....' जैसे कानन के गाए गीतों ने तहलका मचाया। इसी फ़िल्म में सजनीकांत दास का लिखा गीत, 'ओगो सुन्दर मनेर गहने तोमार मूर्तिखानी' को कानन ने अपनी सुरीली आवाज में गाकर एक नए ही रस की मिठास से परिचित कराया।

क़ाज़ी नज़रुल इस्लाम की कहानी पर आधारित और देवकी बोस के निर्देशन में बनी फ़िल्म 'विद्यापति' (1938) में कानन ने पहाड़ी सान्याल के साथ भूमिका निभाई। यह फ़िल्म एक तरह से कानन की होकर रह गई। इस का संगीत आर.सी. बोराल ने दिया था और नायिका कानन ही गायिका थी, जिनका गाया एक गीत बहुत ही लाकेप्रिय हुआ था, 'आंगन आयब जब रसिया....'

'न्यू थियेटर्स' की लगभग सभी फ़िल्में बंगला के साथ ही हिन्दी में भी बनाई जाती थी। फणी मजूमदार के निर्देशन में बनी फ़िल्म 'साथी' में कानन के साथ सहगल ने मुख्य भूमिका अभिनीत की थी। फ़िल्म सुपर हिट थी एवं दोनों ही नायक-नायिका (सहगल-कानन) के गाए गीत बंगाल में खूब बजे। 'घर जले फटिका नाती'....... घर जे आमर डाक किए छे......, सेह जे मारे..' जैसे गीतों ने धूम मचा दी थी। 'साथी' फ़िल्म का हिन्दी संस्करण स्ट्रीट सिंगर भी सुपर हिट हुआ था।

'न्यू थियेटर्स' में कानन की अंतिम फ़िल्म 'परिचय' (1944) थी। पारिश्रमिक के मतभेदों के चलते कानन ने 'न्यू थियेटर्स' छोड़ दिया। प्रथमेश बरुआ ने भी 'न्यू थियेटर्स' छोड़ दिया। बरुआ की फ़िल्म कंपनी एम.पी. प्रोडक्शन के बैनर तले बनी फ़िल्म 'शेष उत्तर' (1942) में कानन आई, तो फिर से फ़िल्म आकाश पर छा गईं।

सन् 1947 में कानन विदेश भ्रमण पर निकलीं। इस दौरान उन्होंने कई देशों के स्टूडियों को करीब से देखा। भारत आकर उन्होंने अपनी फ़िल्म निर्माण संस्था 'श्रीमती पिक्चर्स' स्थापित की। पिक्चर्स की पहली फ़िल्म 'अनन्या' थीं जिसका दर्शकों ने स्वागत किया। इस फ़िल्म निर्माण के दौरान वह बंगाल के राज्यपाल के. एन. काटजू के सहायक हरिदास भट्टाचार्य के सम्पर्क में आईं। यह सम्पर्क शादी में बदल गया।

आठ वर्षों तक कानन देवी फ़िल्म निर्माण में व्यस्त रहीं। 'साबरे आमिनमी' नाम से कानन ने अपनी आत्मकथा लिखी थी।

कानन देवी का निधन 18 जुलाई 1992 को हुआ।

नितिन बोस

(1977)

नितिन बोस का जन्म 27 अप्रैल 1897 में कलकत्ता में हुआ। परिवार की आर्थिक स्थिति ठीक होने की वजह से नितिन की हर फरमाइश पूरी की जाती थी। नितिन को बचपन में अपना जन्मदिन मनाना खूब अच्छा लगता था। इस अच्छेपन का मुख्य कारण था, उसके द्वारा की गई फ़रमाइश की पूर्ति होना। एक जन्मदिन पर नितिन के पिता ने उसे एक मूवी कैमरा लाकर दिया, जो उसके लिए भाग्यशाली सिद्ध हुआ। वह न्यूज़रील निर्माता बन गए। उनकी न्यूज़रील 'रथयात्रा' (1921) एक सौ तीन पौंड में खरीदी गई। नितिन ने अनेक बंगाली फ़िल्मों का निर्माण किया। दोनों ही क्षेत्रों में वह सफल रहे।

उन्होंने स्वतंत्र छायाकार की हैसियत से 'इन्कार्नेशन' (1925) फ़िल्म की फ़ोटोग्राफी की। मूक फ़िल्म 'देवदास' (1927) के भी वह छायाकार थे। इस फ़िल्म में उन्होंने क्रॉस कटिंग का पहली बार प्रयोग किया। सन् 1930 में उनका प्रवेश 'न्यू थियेटर्स' में हुआ। सफलता ने साथ दिया और वह एक मंजे हुए छायाकार के साथ ही निर्देशक बन गए।

भारतीय फ़िल्मों में पार्श्व गायन प्रणाली शुरू करने का श्रेय नितिन बोस को जाता है। उन्होंने फ़िल्म जगत में पहली बार 'धूप छांव' फ़िल्म में पार्श्व गायन का प्रयोग किया, जो सफल और बहुचर्चित रहा। उस पार्श्व गायन के बोल थे, 'मैं खुश होना चाहूं, खुश हो न सकूं, जब तक है तेरा चेहरा उदास....' फिर तो प्रत्येक फ़िल्म में पार्श्व गायन का चलन शुरू हो गया।

नितिन ने दो बाल फ़िल्मों का भी निर्माण किया। सामाजिक कुरीतियों को उजागर करने वाली नितिन की फ़िल्म 'बड़ी बहन' चौथे दशक की बहुचर्चित और प्रशंसित फ़िल्म थी।

अंग्रेज़ सरकार के आग्रह पर उन्होंने क्षय रोग के विरुद्ध फीचर फ़िल्म 'दुश्मन' बनाई। दूसरी तरफ उनकी फ़िल्म 'डाकू मंसूर' अंग्रेजों को पसंद न आई, नतीजन उन्होंने साम्प्रदायिकता का आरोप लगाकर 'डाकू मंसूर' पर प्रतिबंध लगा दिया।

फ़िल्म 'पूरण भगत' के निर्माण के दौरान 'न्यू थियेटर्स' के बी.एन. सरकार से उनके मतभेद हो गए। मतभेदों के चलते उन्होंने 'काशीनाथ' फ़िल्म का निर्देशन किया, तत्पश्चात् वह 'न्यू थियेटर्स' छोड़कर बम्बई प्रस्थान कर गए।

बम्बई में अपेक्षाकृत कम सहयोग मिला, फिर भी उन्होंने हिम्मत न हारी और कई फ़िल्मों का निर्माण किया।

नितिन की प्रमुख फ़िल्में हैं – 'चण्डीदास' (1933), 'डाकू मंसूर' (1934), 'भाग्यचक्र' (1935), 'प्रेसीडेंट' (1937), 'धरतीमाता' (1938), 'लगान' (1941), 'काशीनाथ' (1943), 'मिलन' (1947), 'मशाल' (1950), 'दीदार' (1951), 'वारिस' (1954), 'कठपुतली' (1957), 'गंगा-जमुना' (1961), 'नर्तकी' (1963), 'दूज का चांद' (1964),

फ़िल्म एवं टेलीविज़न संस्थान, पुणे के वह अंतिम प्रोफ़ेसर रहे। हिन्दुस्तान फोटो लिमिटेड के सलाहकार बोर्ड के वह सदस्य थे। उन्होंने कई फ़िल्म समारोहों में भाग लिया।

13 दिसम्बर 1986 को उनका निधन हो गया।

आर. सी. बोराल
(1978)

आर.सी. बोराल का जन्म 1902 में हुआ। संगीतकार बोराल का पूरा नाम रायचन्द्र बोराल था। रायचन्द्र के पिता लालचन्द्र बोराल शास्त्रीय संगीत के ज्ञाता तथा ध्रुपद शैली के प्रख्यात गायक थे। गायन और तबला-वादन के बीच तालमेल स्थापित करने में लालचन्द्र दक्ष थे। ऐसे संगीतमय माहौल में पले पढ़े आर.सी. बोराल का झुकाव संगीत की ओर होना स्वाभाविक ही था। विरासत में मिले इस माहौल ने संगीत सीखने में स्फूर्ति दी और विविधता ने बारीकियां तथा ताल-लय से अवगत कराया।

संगीत घराने के इस होनहार युवक को 'न्यू थियेटर्स' ने आमंत्रित किया। उन दिनों 'न्यू थियेटर्स' से जुड़ना अपने आप में एक प्रसिद्धि और प्रतिष्ठा की बात थी। आर.सी. ने उसकी 28 फ़िल्मों में संगीत दिया। न्यू थियेटर्स के बैनर तले प्रदर्शित लगभग सभी फ़िल्में, सुरुचिपूर्ण कहानी और गीतों से सजी हर दृष्टि से दर्शनीय हुआ करती थीं।

बोराल और नितिन बोस ने मिलकर 'धूप-छावं' फ़िल्म से, फ़िल्मों में पार्श्व गायन की शुरुआत की।

बोराल ने रवीन्द्र संगीत को फ़िल्म संगीत के रूप में बड़ी खूबी से ढाला। उमा शशि, पहाड़ी सान्याल, सहगल, कानन देवी आदि के सुरीले कंठ का उन्होंने भरपूर उपयोग किया।

संगीत के साथ ही गायन में भी बोराल को महारथ हासिल था। अभिनेत्री-गायिका कानन देवी ने एक साक्षात्कार में कहा था कि उनसे गाना गवाने में कई संगीतकारों का सहयोग रहा, मगर बोराल ने उनके स्वरों को गायिका के रूप में बेहतरीन ढंग से तराश कर जनप्रिय बनाने में अहम भूमिका अदा की।

'न्यू थियेटर्स' के मालिक बी.एन. सरकार के साथ उनके सम्बन्ध दोस्ताना और मधुर रहे, इसी कारण दोनों वर्षों तक टीम भावना के साथ फ़िल्म क्षेत्र में जुड़े रहे और बेहतरीन फ़िल्में देने के साथ फ़िल्म संगीत की मजबूत बुनियाद रखी।

बोराल की संगीत से सजी कुछ उल्लेखनीय फ़िल्में इस प्रकार

रहीं – 'प्रेसीडेंट', 'स्ट्रीट सिंगर', 'लगन' आदि। गायक सहगल के अमर गीतों का अधिकांश संगीत बोराल ने ही दिया। 'विद्यापति' में सहगल द्वारा गाया गीत, 'मैं चाल चलूं मस्तानी....' बेहद लोकप्रिय हुआ। इसके अलावा भी 'दर्दे दिल' में लता का गाया गीत, 'ना तो दिन ही वो मोरे....' तथा तलत महमूद द्वारा 'स्वामी विवेकानंद' में गाया गीत 'जाएंगे कहां....' लोगों की जुबान पर चढ़े और कर्ण-प्रिय बने। तलत द्वारा ही गाया गीत, प्रियतम संसार....(चैतन्य महाप्रभु) खूब बजा।

बोराल का निधन सन् 1981 में हुआ।

सोहराब मोदी
(1979)

सोहराब मोदी का जन्म 2 नवम्बर 1897 में हुआ। ऐतिहासिक फ़िल्मों के निर्माण में सोहराब मोदी का नाम अग्रणी रहा। पृथ्वीराज कपूर की संवाद अदायगी के समान ही उनकी संवाद अदायगी और आभा-मंडल था।

सोहराब ने अपने भाई रूस्तम के साथ मिलकर ग्वालियर में सन् 1914 में एक अस्थायी सिनेमा चलाया, फिर ट्यूरिस्ट सिनेमा लेकर कई वर्षों तक पूरे भारत का भ्रमण किया। सन् 1925 से 33 तक एक थियेटर कंपनी चलाई, जिसके तहत अनेक नाटकों को निर्देशित किया तथा अभिनय भी किया।

सिनेमा के प्रारम्भिक दौर में शेक्सपियर के नाटकों का उर्दू अनुवाद होता था। मोदी ने अनुवादों का और भी सरलीकरण कर प्रस्तुत किया, जो दर्शकों को खूब पसंद आया। इससे उत्साहित होकर सोहराब ने सन् 1935 में अपनी फ़िल्म कम्पनी 'मिनर्वा मूवीटोन' की स्थापना की। फ़िल्म निर्माण के साथ ही वह फ़िल्मों में अभिनय भी करते रहे। उनका अभिनय मंझा हुआ था।

उनकी फ़िल्म शुरू होने से पहले पर्दे पर शेर दहाड़ता था। मोदी की आवाज भी शेर-दहाड़ से कम न थी। यह प्रस्तुति इतनी प्रभावित करती थी कि दर्शक शुरू से ही उनकी फ़िल्म को देखना पंसद करते थे और उनके संवादों का आनंद लेते थे। सोहराब का व्यक्तित्व आकर्षक और सम्मोहक था। जब वह पर्दे पर आते, तब दर्शक तालियों के साथ अपनी प्रसन्नता व्यक्त करते थे।

सोहराब की पहली फ़िल्म 'खून का खून' थी, जो शेक्सपियर के नाटक 'हेमलेट' का अनुवाद थी। सोहराब द्वारा चुंनी गई कृतियों के नाटकों के लिए यह आवश्यक था कि उनमें जोशीले संवाद हों, जिन्हें

प्रभावशाली ढंग से बोला जा सके। इन्हीं सब बातों को मद्दे नज़र रखकर 'सोहराब' फ़िल्मों का निर्माण करते थे। उनकी फ़िल्मों में केवल संवाद ही नहीं उसका समूचा प्रस्तुतिकरण, कहानी, अभिनय, पटकथा, गीत, संगीत आदि प्रभावित होते थे और फ़िल्में भी संदेश लिए होती थीं।

सामाजिक समस्याओं को छूने के साथ ही ऐतिहासिक फ़िल्मों को भी वह प्राथमिकता देते थे। ऐतिहासिक पात्र के रूप में वे जंचते भी खूब थे। दूसरे शब्दों में ऐतिहासिक फ़िल्मों में वैभवपूर्ण और राजसी ठाठ वाले पात्रों के लिए वह बहुत उपयुक्त व्यक्ति थे। फ़िल्म 'शीशमहल' में इस पारसी अभिनेता-निर्माता ने सामंत पात्र को जीवंत कर दिखाया था।

सन् 1957 में निर्मित उनकी फ़िल्म 'झांसी की रानी' सफल न हो पाई। फ़िल्म की विफलता और घाटे से वह उभर न पाए। इससे नसीहत लेकर अन्य फ़िल्म निर्माताओं ने बड़े बजट की ऐतिहासिक फ़िल्म बनाने का साहस नहीं किया।

सोहराब की बहुचर्चित फ़िल्में – 'सिकन्दर', 'राजहठ', 'पृथ्वीवल्लभ', 'मिर्ज़ा गालिब' एवं 'भरोसा' रहीं। 'सिकंदर', 'राजहठ' एवं 'पृथ्वीवल्लभ', के संवादों का आनन्द लेने के लिए दर्शक बार-बार उन फ़िल्मों को देखते थे। ऐतिहासिक फ़िल्मों की शुरुआत एक तरह से मोदी के साथ ही हुई थीं। मोदी को अनेक फ़िल्मी व गैर फ़िल्मी पुरस्कारों से सम्मानित किया गया।

सोहराब मोदी का निधन 28 जनवरी 1984 को हुआ।

पी. जयराज
(1980)

जयराज का जन्म 28 सितम्बर 1909 को हैदराबाद में हुआ। स्टंट फ़िल्मों की जब भी चर्चा चलेगी, तब अभिनेता रंजन तथा जयराज का नाम अवश्य लिया जाएगा। जयराज की पहली फ़िल्म मराठी में प्रदर्शित हुई, जिसका नाम था, 'स्पार्क लिंग'। उनकी पहली हिन्दी फ़िल्म थी 'जगमगाती जवानी' (1929)। हिन्दी फ़िल्मों में बतौर नायक के जयराज की पहली फ़िल्म 'रसीली' (1930) थी, जो गूंगी थी। उनकी पहली बोलती फ़िल्म 'शिकारी' (1932) थी। जयराज ने तीन फ़िल्मों का निर्माण भी किया, मगर वे सफल न हुईं।

जयराज की पहचान बनी स्टंट फ़िल्म 'शेर दिल औरत' (1935) से। फ़िल्म में नाम के विपरीत पर्दे पर शेर दिल मर्द महसूस हुआ। इसके बाद आई फ़िल्म 'जीवन नाटक' में जयराज के अभिनय की प्रशंसा हुई और फ़िल्म भी चली।

इन दो फ़िल्मों की सफलता के पश्चात् एक सौ से अधिक फ़िल्मों में जयराज ने नायक की भूमिका की और हर प्रकार के चरित्र निभाए। 'गरीब परिवार', 'तूफानी ख़जाना', 'रिलीफ गर्ल', 'मधुर मिलन', 'लेदर फेस', 'मुराद', 'हमारी बात', 'चार आंखें', 'धनवान', 'छोटी-सी दुनिया', 'बिजली', 'चंदा की चांदनी', 'ससी-पुन्नू', 'लाल कुंवर', 'बाजीगर', 'चालबाज', 'जहाजी लुटेरा', 'हातिमताई', 'मिस गुड नाइट', 'सम्राट पृथ्वीराज चौहान', 'जय चित्तौड़', 'टीपू सुल्तान', 'बिजली चमके' 'जमुना पार' आदि फ़िल्मों से जयराज ने अपनी एक अलग पहचान बनाई।

ऐतिहासिक फ़िल्मों में वह अपने अभिनय के चरम पर पहुंच गए। ऐतिहासिक पात्रों को परदे पर पूरी तरह जीवंतता के साथ जीने वाले जयराज वास्तव में इतिहास पुरुष अभिनेता के रूप में एक अमिट हस्ताक्षर बन चुके।

सन् 1956 में जयराज की पहली ऐतिहासिक फ़िल्म 'अमर सिंह राठौड़' थी। इस फ़िल्म में अभिनय करने के लिए जयराज ने कुछ शर्तें रखी, जिसमें प्रमुख शर्त थी, फ़िल्म की आउटडोर शूटिंग वास्तविक लोकेशन पर की जाए। उस दौर में किलों और महलों के सेट प्रभावशाली और स्वाभाविक नहीं होते थे। लड़ाई के दृश्यों की शूटिंग पर किले और महल के सेट हिलते-डुलते साफ़ नजर आते थे।

पर्दे पर प्रभावशाली और जीवंत चरित्र महसूस कराने के लिए 'जयराज ने अपनी जान जोखिम में डाल दी थी। 'अमर सिंह राठौड़' फ़िल्म की शूटिंग जब आगरा के वास्तविक किले में की गई, तब जयराज घोड़े पर बैठकर उसी प्रकार किले पर दौड़े, जहां से दौड़कर अमरसिंह राठौड़ ने किले की दीवार से खाई में छलांग लगाकर मुगल बादशाह की फौज़ से अपनी जान बचाई थी। शूटिंग के समय क़िले की दीवार पर दौड़कर घोड़े का शॉट लिया गया, जो केवल दो कदम के फ़ासले पर रह गया और जयराज घोड़े के साथ खाई में गिरकर मरने से बाल-बाल बच गए। फ़िल्म की सफलता में इन वास्तविक लोकेशनों का योगदान था।

'जय चित्तौड़' फ़िल्म में महाराणा प्रताप की भूमिका निभाने के लिए हल्दीघाटी के चर्चित युद्ध वाले मैदान में जाकर जयराज ने फ़िल्म की शूटिंग करवाने का अनुरोध किया था। अतः हल्दीघाटी में ही इस फ़िल्म की शूटिंग की गई।

'चन्द्रशेखर आजाद' फ़िल्म की शूटिंग में दृश्य को वास्तविकता देने के लिए जयराज रेलवे लाइन के निकट शूटिंग कर रहे थे। तेज रफ्तार से आ रही ट्रेन पर बम फेकने का दृश्य शूट किया जा रहा था। ट्रेन आने से पूर्व तेज हवा के कारण जयराज की नकली मूंछें उड़कर गिर गईं। सामने से ट्रेन आ रही थी। ख़तरे से खेलते हुए जयराज, ने वहीं मदार (आक) के पौधे के पत्ते तोड़कर, पत्तों से रिसते दूध से अपनी मूंछें चिपकाई और शॉट दिया।

तीन दशक तक (सन् 1935 से 65) जयराज ने नायक की भूमिका निभाई, उसके पश्चात् चरित्र अभिनेता के रोल में आने लगे।

जयराज ने संगीत की भी तालीम ली, मगर इस ज्ञान को गौण ही रखा। उनके संगीत गुरु बी.आर. देवधर थे।

जयराज सरोजनी नायडु के भतीजे थे। उन्होंने एक फ़िल्म 'सागर' का निर्माण भी किया।

जयराज ने लगभग 300 फ़िल्मों में अभिनय किया। अभिनेता अशोक कुमार के पश्चात् जयराज ही ऐसे अभिनेता थे, जिन्होंने फ़िल्म जगत में पांच पीढ़ियों के साथ अभिनय किया।

सफलता और लोकप्रियता के बाद भी शूटिंग के लिए जयराज साइकल से ही स्टूडियो जाते थे। उसी साइकल पर वह घर का सामान भी लाते थे। साइकल की सवारी जयराज ने जीवन के अंतिम क्षणों तक की। उनका अंतिम समय पीड़ा जनक रहा। उनके पुत्र दिलीप ने सम्पत्ति के लिए उनसे मारपीट की। मामला अदालत तक पहुंचा। उनकी पुत्रियों गीता गुप्ता और दीपा शाही ने अपने भाई के आतंक और मारपीट से उन्हें मुक्त कराया। अंतिम समय में जयराज अपनी पुत्रियों के साथ रहे। अदालत का फैसला जयराज के पक्ष में आया।

पी. जयराज का निधन 12 अगस्त 2000 को हुआ।

नौशाद

(1981)

नौशाद साहब गानों की धुनों पर खूब मेहनत करते थे। और उस मेहनत का ही नतीजा है कि उनके संगीत में रचे बसे गाने आज भी सुकून देते हैं। उनका संगीत कालजयी है। गीतकार शकील बदायूनी के साथ उनकी जोड़ी बनी। शकील का गीत लेखन उम्दा था, मगर जब उनसे गीत लेखन की जल्दी की जाती तो कभी-कभार उम्दापन में चूक हो जाती। ऐसे में ही फ़िल्म 'मुगल-ए-आजम' के लिए शकील ने एक पंक्ति की रचना की —'प्रेम करा है चोरी नहीं करी...।' नौशाद को यह पंक्ति जंची नहीं। उन्होंने शकील से कहा, इस पंक्ति के शब्दों में अदब नहीं है? काफी देर की मेहनत के पश्चात् शकील ने पूर्व पंक्ति में सुधार करते हुए लिखा। "प्यार किया कोई चोरी नहीं की, छुप-छुप आहें भरना क्या, जब प्यार किया तो डरना क्या...।"

इस बार के लेखन से नौशाद प्रसन्न हुए। शकील को शाबाशी दी। उन्होंने फ़िल्म निर्माता के आसिफ को भी अपने घर बुला लिया और शकील को गाना पूरा करने के लिए प्रोत्साहित करते रहे। के.आसिफ ने शकील से अपनी इच्छा जाहिर की कि अपने इस गीत लेखन में बादशाह अकबर को कोई चुभता हुआ जुमला मारे जो शालीन हो। देर तक सोचने के पश्चात् शकील ने इस गीत की एक अन्य पंक्ति लिखी- 'आज कहेंगे दिल का फसाना, जान भी ले-ले चाहे ज़माना, पर्दा नहीं जब कोई खुदा से, बंदों से पर्दा करना क्या, जब प्यार किया तो डरना क्या...।' नौशाद साहब को ये पंक्तियां बड़ी प्यारी लगी। उन्होंने शकील को गले लगा लिया और गाने की धुन बनाने में मगन हो गए। देर रात तक यह सिलसिला चलता रहा, फिर गाना और उसका संगीत इतना ज़बरदस्त हिट हुआ कि वह अमर बन गया।

अपने एक साक्षात्कार में नौशाद साहब ने कहा, "मेरी उम्र 76 वर्ष

है और मेरे खाते में मेरी संगीतबद्ध फ़िल्में मात्र 60 ही हैं, जबकि आज के संगीतकार मात्र दो साल में 200 फ़िल्मों का संगीत रच डालते हैं। यह अलग बात हैं, कि उनका संगीत रात को जन्म लेता है और सवेरे तक मर भी जाता है?"

सन् 1944 में नौशाद के संगीत से सजी फ़िल्म 'रतन' प्रदर्शित हुई जिसके मधुर गानों ने पूरे देश में धूम मचा दी। नौशाद के नाम को भुनाने के लिए फ़िल्मकार नक्शब ने संगीतकार शौकत देहलवी उर्फ शौकत हैदरी को संगीतकार नाशाद के नाम से फ़िल्मों में उतारा, मगर वह नौशाद जैसे लोकप्रिय तो क्या, उन जैसे चर्चित भी न हो सके।

नौशाद साहब जब लखनऊ से बम्बई आए, (सन् 1937 में) तब काफी समय तक उन्होंने अपना जीवन फुटपाथ पर गुजारा। 'रतन' (1944) फ़िल्म की कामयाबी से उन्हें रहने की ठौर मिली और अपने बंगले का नाम उन्होंने 'आशियाना' (घर) रखा।

'रतन' की भांति ही फ़िल्म 'बैजू बावरा' (1952) के संगीत ने देश-भर में घूम मचाई। ब्राडवे थियेटर में फ़िल्म 'बैजू बावरा' का प्रीमियर हुआ। फ़िल्म और उसका संगीत दर्शकों और श्रोताओं ने खूब पसंद किया। फ़िल्म के प्रोडयूसर ने इस पर नौशाद साहब की प्रतिक्रिया जाननी चाही। नौशाद ने भरी आंखों से कहा, "इस थियेटर के सामने वाले फुटपाथ से यहां तक आने में मुझे सोलह साल लगे हैं...?"

सन् 2005 में जब उनसे पूछा गया कि आज का संगीत कैसा लगता है, तो उसके जवाब में उन्होंने कहा, "मौजूदा दौर के संगीत को सुनकर मुझे तकलीफ होती है। फ़िल्म जगत में ऐसे-ऐसे लोग आ गए है, जिन्हें सरगम का 'स' भी पता नहीं और वे म्यूज़िक डायरेक्टर बन बैठे।" इसी सन् में रीमिक्स पर अपने विचार व्यक्त करते हुए नौशाद साहब ने कहा, "रीमिक्स किसी तरह बर्दाश्त नहीं किया जा सकता। जो लोग रीमिक्स की हिमाकत करते हैं, उनका तर्क है कि अगर आज की पीढ़ी 'मेरे पिया गए रंगून...' अथवा 'सैंया दिल में आना रे...' जैसे गीत गुनगुना रहे हैं, तो यह रीमिक्स की वजह से ही संभव हो पाया है, वरना युवा वर्ग तो

इन गानों से वाकिफ़ ही न होता। ठीक है, यह बात तो मैं मानता हूं, लेकिन वीडियो में जिस तरह नंगी लड़कियों का नाच कराया जाता हैं, वह क्या है? अगर गाने दोबारा रिलीज़ किए जाएं और असली गीतकार तथा संगीतकार का नाम दिया जाए एवं दृश्य शालीन हो, तो शायद हमारी सोसायटी को वह मंजूर हो, लेकिन इस तरह के वीडियो तो कतई बर्दाश्त नहीं किए जा सकते?"

संगीतकार खेमचंद प्रकाश, झंडेखां, मुश्ताक हुसैन से नौशाद ने जो संगीत की तालीम ली, उसका आजीवन ईमानदारी से निर्वहन किया। बिना किसी प्रतिस्पर्द्धा के वह संगीतकारों में अव्वल रहें, मगर कभी अपनी सफलता पर इतराए नहीं और न ही शोहरत पर कभी घमंड किया।

संगीत के साथ ही नौशाद को शेरो-शायरी का शौक रहा। सन् 2001 में 'आठवां सुर' नाम से उनकी शायरी की एक किताब भी जारी हुई। बिना किताब के भी वे यदा-कदा अपने साथियों और पत्रकारों के समक्ष कुछ बानगी प्रस्तुत करते रहते थे। यहां भी उनकी दो बानगियां प्रस्तुत हैं –

सब कुछ सरे बाज़ार जहां छोड़ गया है।
ये कौन खुली अपनी दुकां छोड़ गया है।

तुफाने जुनूं हमने उतरते देखा।
एक ज़ख्म पुराना–सा उभरते देखा।
ऐ वहशते दिल वो भी अजब मंज़र था
जब अक्स को आईने से डरते देखा।

संगीत क्षेत्र में नौशाद साहब के संस्मरण बड़े रोचक और हृदयस्पर्शी हैं। उर्दू पत्रिका 'शमा', 'सिने ब्लिट्ज' और 'फ़िल्म फेयर' में काफी अर्से पूर्व उनके संस्मरण प्रकाशित हुए थे। कुछेक संस्मरण संक्षेप में इस प्रकार हैं –

जिस संगीत की बदौलत मुझे कामयाबी, शोहरत और दौलत हासिल हुई, उसी ने मेरी फ़ज़ीहत भी करवाई। मेरी शादी लखनऊ के एक शरीफ़ घराने में तय कर दी गई। इस शादी को लेकर मेरी अम्मी ने बड़ी संजीदगी से कहा, 'देखो बेटा, वहां किसी से नहीं कहना कि तुम बम्बई में गाने-बजाने या संगीत का काम करते हो। मैंने तुम्हारी होने वाली ससुराल वालों को बता रखा है कि हमारा बेटा बम्बई में दर्जी का काम करता है...।' "अपनी अम्मी से मैंने कहा, "आपने उन लोगों को गलत जानकारी क्यों दी?" अम्मी का जवाब था, "अगर संगीत के बारे में बता देती, तो तुम्हारा ब्याह नहीं हो पाता। मुझे बहू चाहिए।"

नौशाद दूल्हा बने घोड़ी पर बैठे थे। आगे बाजे वाले उनके रचित संगीत का गाना 'अंखियां मिलाके जिया भरमाके चले नहीं जाना (रतन)' बजा रहे थे। उनके अब्बा ने झल्लाकर कहा कमबख्त कैसे-कैसे गाने बज रहे हैं...।"

मास्टर विनोद तमिल और तेलुगु के मशहूर संगीतकार थे। मैं फ़िल्म 'राम और श्याम' के सिलसिले में मद्रास (चेन्नई) गया। मेरे आगमन की सूचना पाकर विनोद मुझसे मिलने आए। मेरे चरण छूकर उन्होंने कहा, "नौशाद साहब, मैं आपका शागिर्द हूं।'' मैंने कहा, "भाई, आप मुझसे ज़िन्दगी में पहली बार मिल रहे हैं। मैंने आपको कुछ सिखाया भी नहीं। फिर आप मेरे शागिर्द कैसे हो गए?" वह कहने लगे, "मैं तस्वीर और ख्वाबों में आपसे सबक लेता रहा हूं और आपको अपना गुरु मानता हूं।" फिर उन्होंने ज़िद की कि वह सार्वजनिक तौर पर इस बात का ऐलान करेंगे कि वह मेरे शागिर्द हैं। इस रस्म को गुरु पूजा कहते हैं, जिसमें गुरु को पालकी में बैठाकर एक जुलूस के रूप में बेंड बाजों के साथ किसी बड़े मैदान में ले जाया जाता हैं, जहां शामियाना लगाकर पंडितों को खाने के लिए बुलाया जाता है, और पूजा होती है।

उनकी ज़िद और आग्रह पर मैंने उन्हें अपना शागिर्द तो मान लिया, मगर समारोह के लिए मना कर दिया, फिर उन्होंने ज़िद करके मुझे अपने घर आमंत्रित किया। दरवाज़े पर उनकी बीवी खड़ी थी। मेरी आरती उतारी

गई। नारियल फोड़ा गया। सोने की अंगूठी और गले में सोने की जंजीर पहनाई गई। फिर मुझे पूजा के अपने उस कमरे में ले गए, जहां बहुत से देवी-देवता की तस्वीरों के साथ मेरी तस्वीर भी लगी हुई थी। मास्टर विनोद ने मुझे बताया कि वह हर सुबह वहां पूजा करते हैं।

मैंने कहा, "आपने देवी-देवताओं के साथ मेरी तस्वीर लगाकर जिस अकीदत का मुजाहिरा किया है, वह आपकी नज़र में तो मुनासिब होगा, यक़ीनन आपको इससे रूहानी ताकत भी मिलती होगी, लेकिन मेरे मज़हब की रू से यह बात ठीक नहीं है। मैं एक मामूली इंसान हूं और इंसान खुदा का दर्जा नहीं ले सकता। यह सब करके आप मुझे गुनहगार बना रहे हैं। खुदा के सिवा कोई इबादत के लायक़ नहीं।" मेरी बात सुनने के बाद मास्टर विनोद ने कहा, "यह आपका अकीदा (धर्म) है और जो मैं करता हूं, वह मेरा।" मैंने उनकी बात सुनी तो खामोश हो गया।

मेरे संगीत से सजी फ़िल्म 'दीदार' की नुमाइश बम्बई के मिनर्वा सिनेमा में हो रही थी। किसी काम से मैं सिनेमा के मैनेजर से मिलने मिनर्वा गया। शो चल रहा था। मैंनेजर ने मुझसे कहा, "नौशाद साहब, शो खत्म होने के बाद आपकी मुलाकात एक साहब से करवाऊंगा।"

शो ख़त्म होने पर एक अधेड़ उम्र का नाबीना (नेत्रहीन) शख्स अपने बच्चे का हाथ थामे हाल से बाहर आ रहा था। मैनेजर ने उनको अपने पास बुलाया और पूछा, 'आपने यह फ़िल्म कितनी बार देखी है?"

नाबीना शख्स ने जवाब दिया, "छब्बीस बार देख चुका हूं।"

मैनेजर ने उनसे पूछा, "आप देख तो नहीं सकते, फिर फ़िल्म कैसे देख लेते हैं?"

वह बोले, "मैं देख नहीं सकता, मगर सुन तो सकता हूं। मैं यह फ़िल्म देखने नहीं, सुनने आता हूं। जितनी फ़िल्म अच्छी है, उतना ही, बल्कि उससे भी बढ़कर इसका संगीत है।"

अहमद भाई खत्री बम्बई में रहते थे। उनका छोटा बेटा पैदायशी तौर पर गूंगा-बहरा था। उम्र मुश्किल से चार-पांच साल होगी। अहमद भाई

से मुलाकात हुई, तो उन्होंने एक अजीबो-गरीब बात बताई। उन्होंने कहा, "नौशाद साहब, आपकी फ़िल्म 'साथी' के एल पी रिकॉर्ड में एक गीत हैं, जिसके बोल हैं – 'आँखें खुली थीं, आए थे वो भी नज़र मुझे, फिर क्या हुआ, नहीं है कुछ इसकी ख़बर मुझे।' मेरा बच्चा बिल्कुल ख़ामोश और गुमसुम रहता है। एक दिन घर पर एल पी बज रहा था। जब यह गीत शुरू हुआ, तो बच्चे ने खुशी का इजहार किया। जब गीत खत्म हुआ तो बच्चा रोने लगा। मैंने दोबारा यही गीत लगा दिया। जब-जब यह गीत बजता, बच्चा बहुत खुश नजर आता। जब गीत खत्म होता, तो बच्चा रोने लग जाता। मैं दर्जनों के हिसाब से फ़िल्म 'साथी' के एल पी रिकॉर्ड ला चुका हूं और हर रिकॉर्ड का वही हिस्सा घिस-घिसकर खराब हो गया हैं, जहां यह गीत है।"

बाद में बच्चा सख़्त बीमार होकर अस्पताल गया और बेहोश हो गया। डॉक्टरों ने कहा कि बच्चा कोमा में चला गया और अब दोबारा होश में कभी नहीं आएगा। चंद घंटों का मेहमान है। डॉक्टरों के मुंह से बच्चे के बारे में ऐसी ख़बर सुनकर अहमद भाई बच्चे को घर ले आए। तीन-चार रोज़ से मुस्तकिल बेहोश बच्चे को उन्होंने रेडियोग्राम के सामने लिटाया और वही गीत सुनाया। बच्चे ने आंखें खोली, मां-बाप को मुस्कराते देखा और गीत ख़त्म हुआ, तो बच्चे ने हमेशा के लिए आंखें मूंद लीं। अहमद भाई ने अपने बच्चे की कब्र पर जो कुतबा लगवाया है, उस पर इस गीत का मुखड़ा खुदवाया। बच्चे की कब्र बम्बई के सोनापुर कब्रिस्तान में है।

अब इस गीत का पसे मंजूर भी सुन लीजिए। यह गीत मैंने फ़िल्म 'साथी' के लिए तरतीब दिया था। फ़िल्म में तो यह गीत शामिल नहीं किया गया, मगर फ़िल्म के एल पी रिकॉर्ड में जरूर मौजूद है।

संगीत के फनकार नौशाद पर कितना ही लिखते जाओ, उसका अंत नहीं है। ऐसी ही स्थिति उनके संस्मरणों और उनके चाहने वालों की है। वह संगीत के प्रति समर्पित थे। सोते जागते धुन बनाने की धुन सवार रहती।

भारतीय फ़िल्म उद्योग को संगीत का अनमोल ख़ज़ाना देने वाले सदाबहार संगीतकार नौशाद साहब का 5 मई, 2006 को निधन हो गया।

नौशाद का जन्म 25 सितम्बर 1919 को लखनऊ में हुआ था। इनके पिता वाजिद अली राजदरबार में मुंशी थे। नौशाद अली का झुकाव पढ़ाई की बजाय संगीत में अधिक था। 21 वर्ष की उम्र में वह बम्बई चले आए। उस्ताद झंडे खां, हरिश्चन्द्र बाली और मुश्ताक अहमद के शागिर्द बने। गीतकार दीनानाथ मधोक को नौशाद भा गए। उन्होंने 'प्रेमनगर' (1940) फ़िल्म में उन्हें स्वतंत्र रूप से संगीत देने का जिम्मा सौंपा, मगर कामयाबी हासिल न हुई। नौशाद ने फिर से अपने को संगीत सीखने में डुबो दिया।

आखिरकार पहली फ़िल्म के चार वर्षों के पश्चात् 'रतन' फ़िल्म में संगीत देने का मौक़ा मिला। फ़िल्म के निर्माता जैमिनी दीवान थे। फ़िल्म का संगीत ज़बरदस्त हिट हुआ और उसके बाद कामयाबी की मंजिलों पर नौशाद लगातार आगे बढ़ते रहे।

'रतन' फ़िल्म की दुःखांत कहानी देखकर वितरकों ने इसे अस्वीकार कर दिया था। दिल्ली के नॉवल्टी सिनेमाघर के स्वामी जगत नारायण सेठ मालिक के साथ ही फ़िल्म वितरक भी थे और जैमिनी दीवान के मित्र भी। नॉवल्टी सिनेमा में दो सप्ताह खाली जाने वाले थे। उन्होंने अपने टॉकीज़ में इस फ़िल्म का प्रदर्शन किया। पहला सप्ताह सामान्य रहा, पर दूसरा सप्ताह शुरू होते ही दर्शकों का तांता लग गया। 'रतन' को सफल बनाने में सर्वाधिक योग उसके संगीत का था। गायिका ज़ोहरा बाई अम्बालेवाली का गाया गीत 'अंखिया मिला के जिया भरमा के चले नहीं जाना...', तथा 'जब तुम ही चले परदेस....', घर-घर में गूंजे थे। यही गाना (अंखिया मिला के) दूल्हे बने नौशाद की बारात में बैंड बाजे वाले भी बजा रहे थे, बगैर यह जाने कि दूल्हे मियां ही इस गाने के संगीतकार हैं। दुल्हन पक्ष को भी यह सब मालूम न था।

'रतन' फ़िल्म 75 हजार रुपए की लागत में बन गई और टिकट

खिड़की पर एक करोड़ रुपए एवं गीतों से भी एक करोड़ रुपए कमाए मगर 'रतन' के संगीतकार नौशाद को परिश्रमिक के रूप में सिर्फ 5 हजार रुपए ही मिले। उस समय के हिसाब से पारिश्रमिक आवश्यकता से बहुत ज्यादा था, मगर एक करोड़ रुपयों की कमाई की तुलना में कुछ न था, फ़िल्म के संगीत की सफलता के बाद में 'रतन' फ़िल्म के निदेशक एम. सांदिक़ ने नौशाद को पारिश्रमिक के रूप में 3 हज़ार रुपए और दिए।

'आशियाना' (बंगले का नाम) में बसे सुरों के मालिक नौशाद ऐसे व्यक्ति थे, जिन्होंने गूंगे सिनेमा को बोलते-गाते देखा है, उसे गाना सिखाया। जब फ़िल्मों ने बोलना शुरू किया था, तब भारत में दो ही कंपनियों का संगीत चलता था। 'न्यू थियेटर्स' का बंगला संगीत और 'प्रभात कंपनी' का मराठी। 'बाम्बे टॉकीज़' के संगीत को विशेष स्थान नहीं था और जिस, भाषा (हिन्दी) में फ़िल्म बनती थीं, उनका अपना कोई संगीत नहीं होता था। नौशाद के आने पर राजस्थान से बिहार तक फैली लम्बी-चौड़ी हिन्दी पट्टी का संगीत आया।

अपने 65 वर्षों के फ़िल्मी जीवन में नौशाद ने लगभग 69 फ़िल्मों में संगीत दिया उनके द्वारा संगीतबद्ध 27 फ़िल्मों ने सिल्वर जुबली, 8 ने गोल्डन जुबली एवं 3 ने डायमंड़ जुबली मनाई हैं। संगीत की दृष्टि से इनकी 98 प्रतिशत फ़िल्में सफलतम रही। 'रतन', 'बैजू बावरा', 'मुगल ए आजम', 'मेरे महबूब', 'लीडर', 'कोहेनूर', आदि अनेक फ़िल्मों का संगीत कभी भुलाया नहीं जा सकता।

आप पहले ऐसे संगीतकार थे, जो अपने स्वरबद्ध किए गानों की स्वरलिपि रखते थे। इससे फिर कभी गानों की रिकॉर्डिंग करने में मदद मिलती है। नोशाद द्वारा संगीतबद्ध लोकप्रिय गानों की सूची बड़ी है। बतौर नमूने के कुछ गानों की बानगी इस प्रकार हैं – 'अफसाना लिख रही हूं', 'गम दिए मुस्तक़िल,' 'आवाज दे कहां है', 'सुहानी रात ढल चुकी', 'चांद छुपा और तारे डूबे', 'ओ दुनिया के रखवाले', 'तू गंगा की मौज मैं जमुना की धारा', 'तेरे हुस्न की क्या तारीफ करूं', 'जब प्यार किया तो डरना क्या', 'मेरे महबूब तुझे मेरी मुहब्बत की कसम', 'दो सितारों का

जमीं पर है मिलन', 'मधुबन में राधिका नाचे रे', 'हुए हैं जिनके लिए बरबाद', 'सौ बार जनम लेंगे'।

फ़िल्मी चकाचौंध से प्रभावित लड़कियां घर से भागकर मुंबई आती हैं तो एक प्रतिशत लड़की को छोड़कर शेष का शोषण होता, उनकी दुर्गति होती। ऐसे ही एक लड़की घर से भागकर बम्बई में अभिनेत्री बनने आई। वह मुसीबतों के जाल में फंसती कि इतने में नौशाद साहब से उसकी मुलाक़ात हो गई। नौशाद साहब ने उसे नायिका तो नहीं गायिका ज़रूर बना दिया। आगे चलकर वह फ़िल्मों में भी आ गई। उस लड़की का नाम था, उमा देवी, जिसे 'दर्द' फ़िल्म में नौशाद ने गवाया, 'अफसाना लिख रही हूं दिले बेकारार का.........।' उमा देवी कालान्तर में टुनटुन (अभिनेत्री) नाम से प्रसिद्ध हुई।

भारत सरकार ने 'पदमभूषण' और उत्तर-प्रदेश सरकार ने 'अवध-रत्न' से सम्मानित किया। 'फ़िल्म फ़ेयर' (पत्रिका) स्वर्ण जयंती अवसर पर नौशाद को 'लाइफ टाइम एचीवमेंट अवार्ड' से सम्मानित किया गया। उस अवसर पर लता मंगेशकर एवं महराष्ट्र के तत्कालीन मुख्यमंत्री विलासराव देशमुख ने नौशाद साहब से दो शब्द बोलने का अनुरोध किया। व्हील चेयर पर बैठे नौशाद ने अपनी शिकायत का इज़हार किया, 'मैं पिछले 50 साल से इस इंतजार में था कि कभी तो फ़िल्म फेयर मुझे इस क़ाबिल समझेगा। हर साल, अगले साल का इंतज़ार करता। आखिर इतने वर्षों बाद उन सबको मिलाकर, पचास सालों को समेटकर एक कर दिया। मैं सबका शुक्रिया अदा करता हूं।'

एक समीक्षक के शब्दों में, 'नौशाद के संगीत में भारत बसता है। आज देश की फ़िल्मों में भारत नहीं है, तो भारतीय संगीत कहां से होगा। फ़िल्मों में गांव क्या गए एक संस्कृति ही खतम हो गई। जब ज़माना ही बदल गया, तब ऐसे में आज नौशाद और उसके संगीत को कौन पूछे? नौशाद तो हीरे-जवाहरात से सजा मुकुट हैं, जो सिर्फ राजाओं के माथे पर ही सुहाता है। अब वैसे माथे ही नहीं रहे।'

नौशाद का निधन 5 मई 2006 को हुआ।

एल.वी. प्रसाद
(1982)

दक्षिण भारतीय कलाकारों का रुझान मुंबई की फ़िल्मी दुनिया में अवश्य हुआ, मगर जो दक्षिण में ही डटे रह गए, वहां उन्होंने क्षेत्रीय फ़िल्में तो बनाई ही, हिन्दी फ़िल्मों का निर्माण भी किया। उनमें एक है, एल.बी. प्रसाद।

एल.वी. ने तमिल, तेलगु कन्नड़ फ़िल्मों का निर्माण और निर्देशन किया। साफ-सुथरी हिन्दी फ़िल्म के निर्माण में भी प्रसाद का सराहनीय योगदान रहा। पारिवारिक पृष्ठभूमि पर निर्मित की गई प्रसाद की हिन्दी फ़िल्में हिट और सुपर हिट रहीं।

तमिलनाडु जब मद्रास नाम से जाना जाता था, उस वक़्त वहां हिन्दी फ़िल्में बनाना जोखिम का काम था। दूषित राजनीति के चलते वहां हिन्दी का सर्वाधिक विरोध था। हालांकि 'चन्दामामा' जैसी बाल पत्रिका का प्रकाशन वहां से होता था, मगर उसके प्रकाशक स्वयं प्रख्यात फ़िल्मकार बी.एन. रेड्डी थे, जिनके कारण दूषित राजनीति का शिकार होने से बचाव होता रहा।

बी.एन. रेड्डी की प्रेरणा से एल.वी. में दृढ़ता आई और मद्रास में उन्होंने 'प्रसाद प्रोडक्शन' के नाम से अपनी फ़िल्म संस्था स्थापित की एवं क्षेत्रीय फ़िल्मों के साथ ही सफल हिन्दी फ़िल्मों का निर्माण किया। उस समय मद्रास में दो ही फ़िल्मी संस्थान (स्टूडियो) अति लोकप्रिय थे। एक जैमिनी तथा दूसरा प्रसाद।

मिथुन चक्रवर्ती अभिनीत फ़िल्म 'जल्लाद' तीस दिनों में एवं फ़िल्म 'शेर-ए-हिन्दुस्तानी' उन्होंने मात्र अठाइस दिनों में पूरी की।

'शारदा', 'मिलन', 'जीने की राह', 'एक दूजे के लिए' एवं 'खिलौना' जैसी सुपर हिट फ़िल्में एल.बी प्रसाद की देन हैं।

एल.वी. प्रसाद का पूरा नाम अक्किनेनी लक्ष्मी वारा प्रसाद राव है। प्रसाद का जन्म 19 जनवरी 1908 को आंध्र-प्रदेश के इलुरू नामक गांव में एक गरीब किसान परिवार में हुआ। पढ़ाई में वह सामान्य थे एवं विधिवत मिडिल तक ही शिक्षा प्राप्त की। कुछ कर गुज़रने की भावना लिए वे बम्बई चले आए। बम्बई में उनका इरादा फ़िल्म क्षेत्र में नाम रौशन करना था।

लगभग डेढ़ दशक तक वह संघर्ष करते रहे। प्रसाद ने चपरासी की नौकरी से अपना कॅरियर शुरू किया, फिर गेट कीपर, ऑफिस ब्वाय जैसी नौकरियां करते हुए पृथ्वी थियेटर में छोटी-मोटी भूमिकाएं निभाने तक आ पहुंचे।

देश की पहली हिन्दी बोलती फ़िल्म 'आलम आरा' में जूनियर कलाकार के रूप में अभिनय का अवसर मिला। इसके पश्चात प्रसाद ने तमिल की पहली बोलती फ़िल्म 'कालीदास' एवं तेलुगु की पहली बोलती फ़िल्म 'भक्त प्रहलाद' में रोल करके बोलती फ़िल्मों में अभिनय करने की 'हेट्रिक' बनाई।

इन फ़िल्मों के पश्चात् उन्होंने कुछ अन्य फ़िल्मों में सहनायक एवं नायक की भूमिकाएं भी निभाई, मगर अभिनय क्षेत्र में वह ज्यादा चले नहीं। प्रसाद अपनी पहचान निर्माता-निर्देशक के रूप में बनाना चाहते थे। अतः बतौर फ़िल्मकार खुद को स्थापित करने के लिए उन्होंने इस विधा का अध्ययन किया।

सन् 1945 में प्रसाद मद्रास (चेन्नई) चले आए। वहां उन्हें तेलुगु फ़िल्म 'गृहप्रवेशम' में निर्देशन करने का पहला अवसर मिला। इस फ़िल्म में नायक की भूमिका भी उन्होंने ही निभाई। फ़िल्म सफल रही। निर्देशक के रूप में भी प्रसाद स्थापित हुए।

सन् 1950 में उन्होंने खुद की निर्माण संस्था 'प्रसाद प्रोडक्शंस' की स्थापना की। अपनी संस्था के अन्तर्गत उन्होंने पहली फ़िल्म तमिल भाषा में 'शारदा' बनाई, जिसका निर्देशन भी उन्होंने स्वयं ही किया। फ़िल्म

कामयाब रही। यही फ़िल्म सन् 1957 में राजकपूर और मीना कुमारी को लेकर हिन्दी में 'शारदा' नाम से ही बनाई गई, जो बेहद सफल रही।

तमिल फ़िल्म 'शारदा' के पश्चात् उन्होंने तमिल, तेलुगु और कन्नड़ की कई फ़िल्मों का निर्देशन किया। 'मनोहरा' नामक फ़िल्म को एक साथ तीन भाषाओं तमिल, तेलुगु और कन्नड़ में बनाकर उन्होंने रिकॉर्ड कायम किया। वे तीनों ही संस्करणा सफल रहे।

सन् 1952 में प्रसाद ने हिन्दी फ़िल्म निर्माण क्षेत्र में कदम रखा और पहली फ़िल्म बनाई 'रानी' फ़िल्म सामान्य रही। इसके बाद की बनाई हिन्दी फ़िल्में सफल और सफलतम रहीं।

भारत के पहले 70 एमएम प्रोजेक्ट प्लांट और स्टीरियो फोनिक साउंड रिकॉर्डिंग थियेटर बनाने का श्रेय उन्हीं को जाता है।

हैदराबाद में 'प्रसाद नेत्र चिकित्सालय' की स्थापना में उनका उल्लेखनीय योगदान रहा।

'दादा साहेब फाल्के सम्मान' के अलावा भी उन्हें कई प्रकार के अवॉर्ड प्राप्त हुए हैं। तमिलनाडु सरकार का 'राजा सैडो मेमोरियल' पुरस्कार (1978), आंध्र-प्रदेश सरकार का 'रघुपति बेंकैया पुरस्कार' (1980), भारत सरकार का 'उद्योग रत्न' (1980), सिने टेक्नीशियन एसोसिएशन का 'रामनाथ पुरस्कार' (1982) आदि।

एल.वी. प्रसाद की सफल एवं सफलतम हिन्दी फ़िल्में इस प्रकार हैं – 'शारदा', 'खिलौना', 'मिलन', 'जीने की राह', 'एक दूजे के लिए', 'हमराही', 'राजा और रंक', 'बिदाई', 'मेरा घर मेरे बच्चे', 'स्वाति', 'छोटी बहन', 'ससुराल', 'बेटी बेटे', 'शादी के बाद', 'उधार का सिन्दूर', 'यह कैसा इन्साफ', 'जय विजय' एवं दादी मां।

प्रसाद ने विशुद्ध पारिवारिक फ़िल्में ही बनाईं, जिनमें स्वस्थ मनोरंजन के साथ ही सही शिक्षा का संदेश भी रहा।

22 जून 1994 को मद्रास (चेन्नई) में उनका निधन हो गया।

दुर्गा खोटे
(1983)

दुर्गा खोटे का जन्म 13 जनवरी 1905 को बम्बई में हुआ। उनके पिता पांडुरंग वकील तथा भाई बैरिस्टर थे। दुर्गा पूरे परिवार की लाडली थी। शिक्षा-दीक्षा पश्चिमी शैली में हुई। प्रसिद्ध जेवियर कॉलेज से उसने स्नातक की शिक्षा पाई। खोटे परिवार में शादी हो जाने से दुर्गा पांडुरंग, दुर्गा खोटे हो गईं। दो बच्चों की मां बनने के पश्चात् उनमें कुछ नया करने की इच्छा जाग्रत हुई।

उनकी बहिन शालिनी जो विवाहित थीं, उनके परिवार में फ़िल्म निर्माता जे.बी. एच. वाडिया, का आगमन हुआ। उन दिनों वाड़िया मोहन भवनानी के साथ फ़िल्म निर्माण कर रहे थे। उन्हें फ़िल्मी नायिका की आवश्यकता थी। शालिनी ने दुर्गा का नाम सुझाया। दुर्गा की मंशा भी कुछ नया करने की थी। अतः सुझाव स्वीकृत हो गया। भवनानी को साथ लेकर दुर्गा के साथ 'ट्रेप्ड' नाम से फ़िल्म बनाई जो असफल रही। दुर्गा को बड़ी झेंप महसूस हुई। घरवालों द्वारा तसल्ली देने एवं प्रसिद्ध निर्माता वी. शांताराम द्वारा दुर्गा के अभिनय की प्रशंसा करने से उनमें कुछ साहस का संचार हुआ। शांताराम ने उनके अभिनय की प्रशंसा करके न केवल उसे नर्वस होने से बचाया, बल्कि प्रभात के बैनर तले अपनी फ़िल्म 'अयोध्या चा राजा' मराठी तथा हिन्दी में बनाई और दुर्गा को फिर मौका दिया। फ़िल्म के दोनों संस्करण हिट हुए और दुर्गा के आत्मविश्वास में वृद्धि हुई। अगली फ़िल्म 'माया मछिन्द्र' भी हिट रही। फिर तो दुर्गा खोटे की मांग बढ़ती चली गई।

दुर्गा खोटे अभिनीत न्यू थियेटर्स की फ़िल्में 'राजा रानी,' 'मीरा', 'गीता अमर ज्योति', 'पृथ्वी वल्लभ', 'भरत मिलाप' भी सफल रही। दो बच्चों की मां बन जाने के बावजूद वह एक दशक तक रोमांटिक भूमिका

सफलतापूर्वक निभाती रही। बाद में स्वेच्छा से चरित्र अभिनत्री के रूप में स्थापित होने की इच्छा प्रकट की। इस रोल में भी दुर्गा कामयाब रहीं।

दुर्गा ने 'चैतन्य महाप्रभु' में मां की भूमिका, भरत मिलाप' में खलनायिका की और 'चाचा चौधरी' फ़िल्म में हास्य भूमिका निभाई। चरित्र अभिनेत्री के रूप में दुर्गा खोटे की आनन्द, अभिमान खुशबू, बॉबी, जानेमन, बावर्ची, विदाई, मुगल-ए-आजम, आदि फ़िल्में प्रशंसित रही।

कुछ समय के लिए फ़िल्में छोड़कर दुर्गा का झुकाव नाटकों की ओर हुआ। 'मराठी साहित्य संघ' के साथ जुड़कर कई मराठी नाटकों में अभिनय एवं निर्देशन किया। छोटी तथा विज्ञापन फ़िल्मों का निर्माण करने वाली संस्था 'खोटे प्रोडक्शन' की स्थापना कर लघु 'डाक्यूमेंटरी तथा विज्ञापन फ़िल्मों के निर्माण से भी जुड़ीं।

हिन्दी, उर्दू, गुजराती, मराठी, बंगाली, तथा फ्रेंच भाषाओं की जानकार दुर्गा खोटे ने रोमांटिक फ़िल्मों से होती हुई मां, नानी, दादी, परदादी के पात्रों को बखूबी निभाया और अपनी एक अलग छाप छोड़ी।

उनका निधन 31 दिसम्बर 1991 को हुआ।

सत्यजित राय
(1984)

सत्यजित राय का जन्म 20 जून 1981 में हुआ। उद्देश्यपूर्ण फ़िल्में बनाने में सत्यजित राय (रे) अग्रणी रहे हैं एवं अन्तरराष्ट्रीय स्तर पर विख्यात हुए।

सत्यजित के शब्दों में, "संगीत से प्रेम मुझे बचपन से ही था। जब मैं 13-14 वर्ष का था, तब घर में एक खिलौना ग्रामोफ़ोन और कुछ रिकॉर्ड थे। कॉलेज में तथा शांति निकेतन में रहते हुए मेरी पाश्चात्य संगीत में रुचि हुई। रात्रि को मैं संगीत का अभ्यास करता था। हमारे परिवार में रवीन्द्र संगीत तथा शास्त्रीय संगीत का वातावरण था। मैंने फ़िल्में बनाना शुरू की, तो उसके संगीत के बारे में कोई विशेष तैयारी नहीं करनी पड़ी।"

राय जब 2 वर्ष के थे, उनके पिता का निधन हो गया। उन्होंने कलकत्ता के प्रेसीडेंसी कॉलेज से पढ़ाई की, फिर शांति निकेतन में आकर आर्ट्स और ग्राफ़िक डिजाइनिंग की शिक्षा ली। उन्होंने नन्दलाल बोस और विनोद बिहारी मुखर्जी से चित्रकारी सीखी। कुछ समय कलकत्ता की "डी. जे.बीयर' विज्ञापन एजेंसी में काम किया। बंगला की बाल पत्रिका 'संदेश' के सम्पादन में हाथ बटाया तथा उसके लिए चित्रकारी भी की।

अन्तर्राष्ट्रीय स्तर पर चर्चित, प्रशंसित और पुरस्कृत उनकी फ़िल्म 'पाथेर पांचाली' में संगीत पं. रविशंकर का था, मगर परिकल्पना स्वयं सत्यजित राय की थी। राय रात्रि में पं. रविशंकर के साथ धुनों को तैयार करवाते, कुछ अपने सुझाव देते। बांसुरी वादक आलोक डे भी एक कौने में बैठ जाते और वहीं संगीत तैयार होता।

राय की फ़िल्म 'अपराजितो' में कबूतरों की महत्वपूर्ण भूमिका थी। फ़िल्म के पात्र हरिहर की मृत्यु होती है, तब सारे कबूतर आसमान में उड़

जाते हैं। कबूतरों की इस उड़ान के साथ राग जोग में रची धुन बजती है। यह दृश्य प्रभावशाली था। इसी दृश्य को वेनिस के एक समारोह में खूब सराहना मिली।

राय अपनी फ़िल्मों में संगीत सहयोग के साथ ही कई दृश्यों में स्वयं कैमरे का भी प्रयोग करते। सन् 1961 में अपनी फ़िल्म 'तीन कन्या' में उन्होंने संगीत देने की शुरुआत की थी, मगर इसके साथ ही संगीतकारों एवं इस क्षेत्र में रुचि रखने वालों का वह स्वागत भी करते थे और सहयोग भी लेते थे।

'पोस्ट मास्टर' का संगीत उन्होंने तैयार कर लिया था। फ़िल्म में संगीत का ताल-मेल करने के दौरान पूर्वी बंगाल के दो शरणार्थी युवक आ गए। उन्होंने राय को 'दोतारा' तथा 'सारिंदा' नामक वाद्य बजाकर सुनाए जिन्हें राय ने रिकॉर्ड कर लिया। रात्रि को रिकॉर्ड की गई धुनों को तन्मयता से सुना। धुनें उन्हें इतनी पसंद आईं कि अपने संगीत को 'पोस्ट मास्टर' से हटाकर शरणार्थी युवाओं की धुनों का उपयोग किया। स्वयं ने तो उसमें बांसुरी का ही प्रयोग किया था।

उनके द्वारा निर्मित चारुलता, तीन कन्या, हीरक राजार देशे, गोपी गायन बाघबायन, शतरंज के खिलाड़ी फ़िल्मों में संगीत उनका ही था। 'शतरंज के खिलाड़ी' को तो ज्यादा प्रशंसा नहीं मिली, मगर वर्णित शेष चारों फ़िल्में संगीत और प्रस्तुति के स्तर पर बेहतर थीं। 'चारुलता' तो सुपर हिट रही और विदेशो में भी उसकी तारीफ हुई।

'शतरंज के खिलाड़ी' उनकी हिन्दी फ़िल्म थी। उन्होंने केवल दो ही हिन्दी फ़िल्मों का निर्माण किया। उनकी दूसरी हिन्दी फ़िल्म कथा सम्राट प्रेमचंद की कहानी 'सद्गति' पर आधारित थी।

राय की फ़िल्में जलसा घर, महल, देवी, अपूर संसार भी उच्च कोटि की थीं।

संगीत के बारे में सत्यजित का कथन था, "मैं फ़िल्म के सारे संवादों को एक कैसट में रिकॉर्ड कर लेता हूं, फिर मैं इसका एक चार्ट बना देता

हूं, जिससे संगीत के टुकड़ों की बिल्कुल सही अवधि मिल जाती है कि मुझे कौन-सा टुकड़ा कहां फिट करना है। ऐसा मैं इसलिए कर पाता हूं क्योंकि फ़िल्म मैं ही बना रहा होता हूं, इससे उसका हर सूक्ष्म विवरण मेरे दिमाग में रहता है। इससे फ़िल्म की रफ्तार बनी रहती है और कृत्रिमता का आभास ख़त्म हो जाता है।"

चार दशकों में उन्होंने कुल 35 फ़िल्में निर्मित की, जिनमें एक-दो फ़िल्मों को छोड़ सभी सफल रहीं। उनकी 16 फ़िल्मों ने अन्तर्राष्ट्रीय पुरस्कार प्राप्त किए।

पद्मश्री, मैगसेसे पुरस्कार और भारत रत्न से सम्मानित, सत्यजित राय आस्कर सम्मान पाने वाले पहले भारतीय फ़िल्मकार थे।

अस्वस्थता के कारण 30 मार्च, 1992 को मिलने वाला आस्कर पुरस्कार उन्हें 16 मार्च, 1992 को ही रुग्ण अवस्था में कलकत्ता के एक नर्सिंग होम में प्रदान किया गया।

सत्यजित राय का निधन 23 अप्रैल 1992 को हुआ।

वी. शांताराम
(1985)

वी. शांताराम का जन्म 18 नवम्बर 1901 कोल्हापुर (महाराष्ट्र) में हुआ। उनके पिता ने अन्तर्जातीय शादी की। घर का माहौल अनुकूल न था। बारह वर्ष की उम्र में वाणकुंद्रे शांताराम (वी. शांताराम) नाटक कंपनी में भर्ती हो गए। फ़िल्मों में उनका प्रवेश 'महाराष्ट्र फ़िल्म कंपनी' से हुआ। शांताराम ने फ़िल्मों के पोस्टर बनाने वाले चित्रकार और फोटोग्राफर के बतौर अपना फ़िल्मी जीवन शुरू किया।

मराठी फ़िल्म 'रुक्मणीहरण' (1921) उनकी पहली फ़िल्म थी। अभिनय से पहले वह फ़िल्मों में मेकअप मैन, नृत्य निर्देशक, कुली, बढ़ई, सम्पादक रहे। वह गेटकीपर से मैनेजर तत्पश्चात् सिनेमा घर के मालिक भी बने।

शांताराम ने अपने साथियों के साथ जून, 1929 में कोल्हापुर में 'प्रभात फ़िल्म कंपनी' की स्थापना की। भागीदारों से विवाद हो जाने के कारण उन्होंने परेल (बम्बई) में अपना स्वयं का फ़िल्म स्टूडियो 'राजकमल कला मंदिर' नाम से स्थापित किया। यह स्टूडियो भारतीय फ़िल्म उद्योग के इतिहास में मील का पत्थर साबित हुआ।

सन् 1942 में 'राजकमल कला मंदिर' की आधार-शिला रखी तब शांतारात के साथ कई तकनीशियन एवं अन्य फ़िल्मी व्यक्ति सहयोग करने आ गए। शांताराम की पहली फ़िल्म शकुन्तला' (1943) थी, जो सफल रही। सफलता से उत्साहित होकर उन्होंने अगली फ़िल्में 'डॉक्टर कोटनिस की अमर कहानी' (1946), 'दहेज '(1950), 'झनक झनक पायल बाजे' (1955) 'दों आंखें बारह हाथ' (1957), 'फूल और कलियां' (1960), 'गीत गाया पत्थरों ने' (1964), 'पिंजरा' (1975), 'चीनी' (1977) बनाई जो सफल रही। सफलता का ग्राफ यहीं सिमटा नहीं, आगे भी जारी रहा।

अपनी फ़िल्मों के लम्बे नाम रखना उनकी रूचि था। सफलता के बढ़ते ग्राफ में उनकी अगली फ़िल्में थीं –'तूफान और दिया', 'सुरंग', 'सेहरा', 'स्त्री', 'जल बिन मछली नृत्य बिन बिजली', 'बूंद जो बन गई मोती', 'अपना देश', 'नवरंग', 'परछाई', 'मतवाला', 'शायर', 'पर्वत पर अपना डेरा' आदि। इनमें चार फ़िल्मों को छोड़कर शेष सभी हिट रहीं। इन फ़िल्मों के साथ ही मराठी फ़िल्मों का भी निर्माण करते रहे।

सन् 1960 तक राजकमल स्टूडियो में शांताराम की ही फ़िल्में बनती थी। बाद में इससे अन्य फ़िल्म निर्माताओं को किराये पर देना शुरू कर दिया। इस स्टूडियो में किरायेदारों के लिए दो बड़े फ्लोर, डबिंग सेंटर, प्रोसेसिंग लेबोरेट्री, रिकार्डिंग थियेटर, स्टिल विभाग, कलरिंग विभाग, ड्रेपरी, प्रीव्यू थियेटर, मेकअप रूम आदि की व्यवस्था थी। फ्लोर्स पर आधुनिक सिने उपकरणों का प्रावधान था। स्टीरियो फ़ोनिक साउंड के लिए संबंधित उपकरण सबसे पहले इसी स्टूडियों में आए। गब्बर सिंह वाली 'शोले' का साउंड ट्रैक इन्हीं उपकरणों की मदद से बना था।

फ़िल्म 'जल बिन मछली नृत्य बिन बिजली' का स्टीरियोफ़ोनिक लॉग प्ले रिकॉर्ड भी यहीं तैयार किया गया। भारत में निर्मित यह पहला स्टीरियोफ़ोनिक एल.पी. रिकॉर्ड था।

शांताराम यथार्थवादी फ़िल्म निर्माण में अग्रणी थे। बौद्धकाल में प्रचलित नरबलि परम्परा के विरोध में 'अमृत मंथन', अत्याचारियों के दमन पर 'अमर ज्योति', डाकू नारी पर 'दुनिया ना माने' बेमेल विवाह पर 'आदमी', साम्प्रदायिक सद्भाव पर 'पड़ोसी' जैसी फ़िल्में बनाई और वे कामयाब भी रहीं।

शांताराम की 'शकुन्तला' फ़िल्म वेनिस में तथा 'डॉक्टर कोटनिस की अमर कहानी' कांस समारोह में पुरस्कृत हुई।

'झनक झनक पायल बाजे' नृत्य की बेजोड़ फ़िल्म थी। धरोहर रूप में सरकार ने यह फ़िल्म सुरक्षित रखी है। इसके एक सौ वर्ष पूरे होने पर यह फ़िल्म पुनः प्रदर्शित की जाएगी, ताकि देशी-विदेशी लोगों को पता चले कि एक शताब्दी पूर्व भारत की नृत्यकला कितनी विकसित थी।

शांताराम तथा जयश्री (पत्नी) के पुत्र किरण ने प्रबंधक रूप में स्टूडियो को आधुनिक बनाने में योगदान दिया। शांताराम की पूर्व पत्नी संध्या तथा बाद की पत्नी जयश्री तथा उनकी लड़की (राजश्री) इन सभी ने भी फ़िल्मों में अभिनय किया।

शांताराम ने तकनीक में नए-नए प्रयोग किए। उनकी आरम्भिक फ़िल्मों में ट्रॉली शॉट ने दर्शकों को अचम्भित किया। कई समीक्षकों ने इसे घूमता हुआ मंच (सेट) कहा। 'दो आंखें बारह हाथ' में प्रकाश और छाया के आधार पर स्थिर चित्रण से दिन का गुजरने वाला दृश्य अपने आप में नया था।

शांताराम की फ़िल्में आदमी, पड़ोसी, डॉ. कोटनिस की अमर कहानी, दो आंखें बारह हाथ को देश-विदेश में कई पुरस्कार मिले।

उनके द्वारा निर्मित मूक फ़िल्में थीं – 'गोपाल कृष्ण' (1929) 'खूनी खंजर', 'बजर बट्टू', 'उदय काल' तथा 'चन्द्रसेना' (1930)।

उनकी जन्म तिथि ही उनका मृत्यु दिवस बन गई। उनका निधन 18 नवम्बर 1960 में हुआ।

बी. नागी रेड्डी
(1986)

दक्षिण भारत के फ़िल्मकारों में बी. नागी रेड्डी का नाम आदर के साथ लिया जाता है। मनोरंजन की दुनिया में फ़िल्मों के माध्यम से उन्होंने स्वस्थ संदेश दिया तथा सदा यह ध्यान रखा कि फ़िल्मों से परिवारों पर कोई दुष्प्रभाव न पड़े, अपितु उद्देश्यों के लिए उसका अनुसरण हो।

नागी रेड्डी का मानना है कि फ़िल्मों द्वारा दिए गए अच्छे-बुरे संदेश को दर्शक, विशेषकर किशोर एवं युवा वर्ग बहुत जल्दी ग्रहण करता है। अतः फ़िल्म मेकर के रूप में हमारा दायित्व हो जाता है कि ऐसे चित्रण से बचें, जिससे देश और समाज की बुनियाद कमज़ोर हो। फ़िल्मों से आमदनी तो हमें होती है, मगर उस आमदनी का प्रतिफल श्रेष्ठता के रूप में देने के प्रति हमें भी सजग रहना चाहिए।

परिवार को सौद्देश्य सोच देने में उन्होंने बच्चों का विशेष ख्याल रखा। इसका एक प्रमुख कारण रहा है। बच्चों की लोकप्रिय पत्रिका 'चन्दामामा' जो हिन्दी विरोध के बावजूद दक्षिण भारत के चेन्नई से हिन्दी में निकलने वाली बहुचर्चित पत्रिका है तथा हिन्दी के अलावा अन्य कई भाषाओं में छपती है, उसके नागी रेड्डी प्रकाशक रहे, तत्पश्चात् 'चन्दामामा' की सहयोगी पत्रिका 'गुड़िया' शुरू की। इन्हीं सबको ध्यान में रखकर उन्होंने वे पारिवारिक फ़िल्में बनाई, जिनमें बच्चों के लिए बहुत कुछ कहने का मौका मिला।

क्षेत्रीय भाषा में रेड्डी ने कई फ़िल्में बनाईं। रेड्डी की बहुचर्चित हिन्दी फ़िल्म 'राम और श्याम' थी, जिसमें दिलीप कुमार का डबल रोल था। फ़िल्म भी कामयाब थी। इसी कामयाबी को भुनाने के लिए हिन्दी फ़िल्मों में डलब रोल का दौर शुरू हुआ एवं 'राम और श्याम' को तोड़-मरोड़ कर न जाने कितनी फ़िल्में बनीं।

उन्होंने 'राम और श्याम' से पहले 'नन्हा फरिश्ता' फ़िल्म बनाई, मगर वह सफल न हो सकी।

अपने प्रारम्भिक फ़िल्मी जीवन में नागी रेड्डी कलकत्ता में फ़िल्मी डिस्ट्रीब्यूटर थे। इस क्षेत्र में रहने से कई उद्योगपति एवं फ़िल्म जगत के निर्माता-निर्देशकों के सम्पर्क में आए। एक व्यक्ति फ़िल्मों में पूंजी लगाने को तैयार हुए और नागी रेड्डी को फ़िल्में बनाने के लिए तैयार किया। इस प्रकार शुरू हुआ उनका फ़िल्म निर्माण का सफर।

2 दिसंबर 1912 को जन्मे रेड्डी का 25 फरवरी 2004 को निधन हुआ।

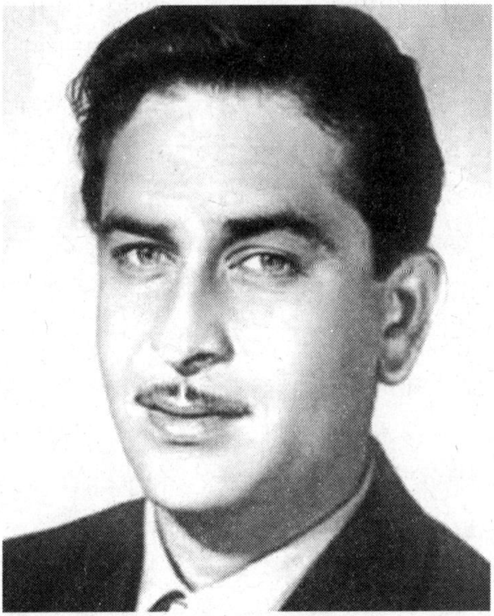

राजकपूर

(1987)

राजकपूर का जन्म 14 दिसम्बर 1924 पेशावर (अब पाकिस्तान) में हुआ। प्रसिद्ध अभिनेता पृथ्वीराज कपूर के बेटे राजकपूर ने अपना फ़िल्मी जीवन क्लैप बॉय के रूप में शुरू किया। उनकी लगन और मेहनत देखकर पिता पृथ्वीराज ने उन्हें फ़िल्म निर्देशक पंडित केदार शर्मा के पास अभिनय की बारीकियां सीखने भेजा। राजकपूर पंडित जी को बतौर कलाकार जंच गए। उन्होंने अपनी फ़िल्म 'नीलकमल' में राजकपूर को हीरो बना दिया और हीरोइन थी सौन्दर्य की मलिका मधुबाला। दोनों कलाकारों की यह पहली फ़िल्म थी, जो सन् 1946 में निर्मित हुई।

सन् 1947 में बनी फ़िल्म 'दिल की रानी' में अभिनय करने के साथ ही राजकपूर ने गाना भी गाया था।

निर्माता महबूब की फ़िल्म 'अन्दाज़' में राजकपूर के साथ नरगिस और दिलीप कुमार थे। फ़िल्म हिट रही। इससे उत्साहित होकर राज ने रामानन्द सागर के साथ मिलकर 'बरसात' फ़िल्म बनाई। फ़िल्म सुपर हिट रही और इसी अनुरूप इस फ़िल्म के गाने घर-घर में गूंजे। 'बरसात' फ़िल्म के संगीतकार शंकर जयकिशन, कवि शैलेन्द्र, शायर हसरत जयपुरी, गायक मुकेश को लेकर राज ने अपनी एक सशक्त फ़िल्मी टीम बनाई। 'महल' और 'बरसात' फ़िल्म से गायिका लता की पहचान बनी। नरगिस के साथ राजकपूर की नायिका-नायक की जोड़ी बनी, जिसने सन् 1948 से 56 तक 17 फ़िल्मों में एक साथ काम किया।

सन् 1948 में राज ने अपनी फ़िल्म 'आवारा' में नरगिस को लिया। उस वक्त नरगिस की आयु 17 वर्ष थी। राजकपूर को नरगिस की अदाकारी भा गई। अपना स्टूडियो जब 'आर.के. स्टूडियो' के नाम से स्थापित किया, तब उसके मोनोग्राम में एक हाथ में गिटार और दूसरे पर

नरगिस झूलती नज़र आईं। यह दृश्य 'बरसात' फ़िल्म से लिया, जो बाद में आर.के. बैनर का स्थायी मोनोग्राम और एक विशेष पहचान बना।

अपनी फ़िल्म 'श्री 420' में बेहतर भूमिका निभाने की वजह से उन्हें प्रशंसा तो मिली ही, कम उम्र के निर्माता बनने का गौरव भी प्राप्त हुआ। अभिनेता और निर्देशक दोनों की ज़िम्मेदारी राज ने बखूबी निभाई।

'आवारा' फ़िल्म भारत के साथ ही सोवियत संघ और चीन में भी बेहद लोकप्रिय हुई। सोवियत रूस के लोग तो इस फ़िल्म से राज के दीवाने ही बन गए।

संगीत की दृष्टि से राजकपूर की सभी फ़िल्में हिट रही और बच्चे-बच्चे की जबान पर वे गाने आए। 'मेरा नाम जोकर' एक बेहद गंभीर क़िस्म की फ़िल्म बनने से सफल न हुई, हालांकि गाने हिट थे। इस फ़िल्म से राज को आर्थिक नुक़सान भी हुआ।

नुक़सान की भरपाई करने के लिए इस प्रकार की गंभीरता से निकल कर टीनएजर्स की प्रेमकथा पर फ़िल्म 'बाबी' का निर्माण किया। डिंपल कापड़िया की यह पहली फ़िल्म थी। फ़िल्म और उसका संगीत ज़बरदस्त कामयाब हुआ।

'सत्यम् शिवम् सुंदरम्' एवं 'प्रेमरोग' फ़िल्में औसत रहीं। अपने बेटे राजीव को लॉन्च करने के लिए नवोदित अभिनेत्री मन्दाकिनी को लेकर राज ने 'राम तेरी गंगा मैली' फ़िल्म बनाई। फ़िल्म ज़बरदस्त सफल रही और उसने टिकट खिड़की पर धाक जमाई।

राजकपूर अपने अभिनय में गीत के साथ होंठ चलाते थे। बाद में वह इतने मंज गए कि प्लेबैक में मुकेश द्वारा गाए गए गीत के साथ सुर मिलाकर गाते भी थे, जिससे उनका अभिनय जीवंत हो उठता था।

राजकपूर की हिट और प्रमुख फ़िल्में हैं – 'अन्दाज', 'बरसात', (1949), 'दास्तान' (1950) 'आवारा' (1951), 'श्री 420' (1953), 'शारदा' (1957), 'परवरिश', 'फिर सुबह होगी' (1958), 'अनाड़ी', 'कन्हैया', 'मैं नशे में हूं', (1956), 'छलिया', 'जिस देश में गंगा बहती

है', (1960), 'दिल ही तो है' (1963), 'संगम' (1964), 'तीसरी क़सम' (1965), 'सपनों के सौदागर' (1969), 'कल आज और कल' (1971), 'धरम करम' (1975), 'अब्दुल्ला' (1980)।

आर.के. स्टूडियो का अपने कर्मचारियों से मधुर संबंध था। यह मधुरता व्यापक रूप में उजागर होती थी, होली के अवसर पर। आर.के. स्टूडियों की होली पूरे देश में विख्यात थी।

'द ग्रेट शो मैन' नाम से मशहूर राजकपूर ने जिस तरह अपने पिता पृथ्वीराज कपूर का मरणोपरांत 'फाल्के सम्मान' ग्रहण किया उसी भांति बीमारी की अवस्था में अर्द्धचेतना में उन्होंने फाल्के सम्मान ग्रहण किया। सम्मान प्राप्त करते ही वह मूर्छित होकर गिर पड़े। पूरे एक माह तक जीवन-मृत्यु से संघर्ष करते और अचेत अवस्था में ही दुनिया से कूच कर गए।

उनका निधन 2 जून 1988 को हुआ।

राज कपूर ने सन् 1935 में बाल कलाकार के रूप में 'इंकलाब' फ़िल्म से अभिनय यात्रा शुरू की। सन् 1946 में 'नीलकमल' फ़िल्म से नायक बनने की शुरुआत हुई। सन् 1985 में बनी बतौर नायक 'चोर मंडली' उनकी अंतिम फ़िल्म थी।

सामाजिक दौर की फ़िल्मों में बेहद गंभीर अभिनय करने वाले राज ने हास्य भूमिकाओं में भी दर्शकों की प्रभावित किया। 'तीसरी कसम' 'अनाड़ी', 'दास्तान' 'फिर सुबह होगी', 'छलिया', 'दिल ही तो है', जैसी फ़िल्में उनके अभिनय के कारण ही सराही गईं।

राजकपूर को अंतरराष्ट्रीय स्तर पर सर्वाधिक चर्चित और प्रतिष्ठित 'कार्लोबेरी फ़िल्मोत्सव' में 'ग्रां-ग्री' पुरस्कार से भी सम्मानित किया गया। यह सम्मान उन्हें 'जागते रहो' फ़िल्म के लिए मिला। इस फ़िल्म का कथानक सिर्फ़ एक रात का था।

अपने अंतिम दौर में राजकपूर प्रेम को लेकर इतने आधुनिक बन गए कि हर तरफ आलोचनाओं की बौछार भी उनकी सृजन को नहीं

रोक पाई। 'सत्यम् शिवम् सुन्दरम्' 'प्रेम रोग', 'बॉबी', 'राम तेरी गंगा मैली, कुछ ऐसी फ़िल्में हैं, जिनमें राजकपूर ने बाज़ार की मांग को ज्यादा महत्व दिया।

राज की फ़िल्मों, उनके अभिनय और उनके व्यक्तित्व पर कितना ही लिखते जाओ, उसका अंत नहीं है। राज कपूर के पास दिलीप या अमिताभ जैसी आवाज नहीं थी, परन्तु किसी भी भारतीय कलाकार के पास राजकपूर जैसी आंखें नहीं थी। इन आंखों से राजकपूर ने बहुत कुछ कहा है।

राजकपूर निर्मित लगभग सभी फ़िल्में सफल और सफलतम रहीं। अपने ही जीवन पर आधारित दो भागों वाली फ़िल्म 'मेरा नाम जोकर' टिकट खिड़की पर कमजोर रही। हालांकि गीत संगीत, अभिनय में फ़िल्म बेहतर थी। इसी भांति 'प्रेम रोग' एवं 'जागते रहो' को दर्शकों ने समुचित प्यार नहीं दिया। जबकि पटकथा और कहानियां इन फ़िल्मों की भी बेहतर थीं।

चार दशक से ऊपर की फ़िल्मी जिन्दगी जीकर, वे जो दर्शकों के पास सुरीले गीत और मनोरंजन फ़िल्में छोड़ गए, उन्हें मिटाना मुश्किल है।

छह दशक गुजर चुके हैं। आज भी राजकपूर की फ़िल्मों का संगीत अपनी भरपूर सच्चाई और ताजगी के साथ तीसरी पीढ़ी ने बतौर विरासत अपने दिल में संजोकर रखा हुआ है।

राजकपूर सच्चे अर्थों में एक फ़िल्मकार थे, ऐसे फ़िल्मकार जो दर्शकों की नब्ज पहचानता था। राज जब भी किसी फ़िल्म का निर्माण करते तो दर्शकों के मन की आंखों में एक बार जरूर झांक लेते थे और उनकी आंखों की भाषा को पढ़ लेते थे। तब जाकर ही किसी फ़िल्म का फ़िल्मांकन करते थे। उनकी लगभग सभी फ़िल्में उनके अपने ही जीवन पर केन्द्रित होतीं, जो संगीत, कहानी, दृश्य आदि के सम्मिश्रण से एक सम्मोहक सुकून देने वाली होती थीं।

'आग' उनकी प्रथम निर्देशित फ़िल्म थी। इन्द्रराज आनन्द की इस

कहानी में 22 वर्षीय राज ने आम आदमी की समस्याओं को बड़े ही खास व सहज ढ़ंग से पर्दे पर उजागर किया। इससे युवा वर्ग आश्चर्यचकित होकर रह गया।

युवाओं के दिलों में 'आग' से हलचल मचाकर उनकी तपन को शान्त करने के लिए राज ने रामानन्द सागर की एक कहानी पर 'बरसात' फ़िल्म का निर्माण किया और युवा दिलों को प्यार के माध्यम से एक सदाबहार अभिव्यक्ति दी। इस फ़िल्म ने हिन्दी सिनेमा में एक तहलका-सा मचा दिया था और फ़िल्म जगत में राज एक कुशल और सफल निर्देशक कहलाने लगे।

ख्वाजा अहमद अब्बास की एक कहानी पर 'आवारा' फ़िल्म बनाकर राज ने कई कीर्तिमान स्थापित किए। नरगिस राजकपूर अभिनीत इस फ़िल्म ने अभिनय को ऊंचाइयां दीं। इस फ़िल्म के गीत संगीत ने तो देश-काल की सीमाएं तोड़कर विदेशियों तक को झूमने पर मजबूर कर दिया था। रूस में तो यह फ़िल्म ऐसी चली कि हिन्दुस्तानी 'आवारा' राजकपूर प्रधानमंत्री पंडित नेहरू के बाद वहां दूसरी लोकप्रिय हस्ती बन गए।

राजकपूर द्वारा निर्मित प्रमुख फ़िल्में इस प्रकार हैं –

- आग (1948)
- बरसात (1949)
- आवारा (1951)
- बूट पॉलिश (1954)
- श्री 420 (1955)
- जागते रहो (1956)
- जिस देश में गंगा बहती है (1960)
- संगम (1964)
- मेरा नाम जोकर (1970)
- बॉबी (1973)

- सत्यम् शिवम् सुन्दरम् (1978)
- प्रेम रोग (1982)
- राम तेरी गंगा मैली (1985)

राजकपूर द्वारा अभिनीत प्रमुख फ़िल्में इस प्रकार हैं –

- नील कमल (1946)
- आग (1948)
- बरसात (1949)
- अन्दाज (1949)
- सुनहरे दिन (1949)
- बावरे नैन (1950)
- दास्तान (1950)
- सरगम (1950)
- आवारा (1951)
- अनहोनी (1952)
- आह (1953)
- पापी (1953)
- बूट पॉलिश (1954)
- श्री 420 (1955)
- जागते रहो (1956)
- चोरी-चोरी (1956)
- शारदा (1957)
- परवरिश (1958)
- फिर सुबह होगी
- अनाड़ी (1959)

- चार दिल चार राहें (1959)
- कन्हैया (1959)
- मैं नशे में हूं (1959)
- जिस देश में गंगा बहती है (1960)
- छलिया (1960)
- आशिक (1963)
- दिल ही तो है (1963)
- संगम (1964)
- दूल्हा-दुल्हन (1964)
- तीसरी क़सम (1965)
- अराउंड द वर्ल्ड (1967)
- सपनों का सौदागर (1969)
- मेरा नाम जोकर (1970)
- कल, आज़ और कल (1971)
- धरम-करम (1975)
- खान दोस्त (1976)
- अब्दुल्ला (1980)

अशोक कुमार
(1988)

दादा मुनि यानी अशोक कुमार का जन्म 13 अक्टूबर 1911 को भागलपुर (बिहार) में हुआ। अशोक का बचपन खंडवा (म.प्र.) में बीता। नाना के घर बचपन बीता। पिता खंडवा शहर के नामी वकील थे, जो बाद में ड्यूटी मजिस्ट्रेट बने।

सन् 1936 में 'जीवन नैया' फ़िल्म से अभिनय यात्रा करने वाले अशोक कुमार ने लगभग 400 फ़िल्मों में काम किया। उन्हें पांच पीढ़ियों की हीरोइनों के साथ अभिनय करने का श्रेय प्राप्त है। अभिनेता बनने पर उनके जमींदार नाना उनसे नाराज़ हुए और ननिहाल में प्रवेश पर पांबदी लगा दी। उन दिनों फ़िल्मों में काम करना प्रतिष्ठाजनक नहीं माना जाता था। बाद में उनके बहनोई शशधर मुखर्जी ने नाना को समझाकर गुस्सा शांत कराया।

छूआछूत विषय पर सन् 1936 में आई उनकी फ़िल्म 'अछूत कन्या' खूब चली। सन् 1943 में प्रदर्शित उनकी फ़िल्म 'किस्मत' ने लोकप्रियता के परचन लहराए। उस समय इस फ़िल्म ने एक ही टॉकीज़ में साढ़े तीन वर्ष तक चलकर एक रिकॉर्ड बनाया था। फ़िल्म में कवि प्रदीप के गीतों का भी योगदान उसे सफल बनाने में रहा। 'आज हिमालय की चोटी से फिर हमको ललकारा है...' गीत ने राष्ट्रीयता की भावना प्रबल की। सन् 1950 में आई अशोक कुमार की सस्पेंस फ़िल्म 'महल' पुनर्जन्म पर आधारित थी। कमाल अमरोही की इस फ़िल्म में गायिका लता भी स्थापित हुईं। इस फ़िल्म में गाया लता का गीत, 'आएगा आएगा आएगा आने वाला' बेहद लोकप्रिय हुआ। आज भी यह गाना सुनना अच्छा लगता है।

अशोक कुमार का घरेलू नाम कुमुद लाल था, मगर पहचान और प्रसिद्ध फ़िल्मी नाम अशोक कुमार से मिली।

अशोक अपने फ़िल्मी चरित्र को जीवंत करने के लिए घर से रिहर्सल करके जाते थे। वह घर से हिसाब लगाकर चलते थे कि उन्हें कितने कदम चलना है, डायलॉग के बीच कहां सिगरेट केस निकालना है और किधर धुंआ छोड़कर वाक्य पूरा करना है।

हीरो के संग अपने उत्पाद का नाम जुड़ने का सिलसिला अशोक कुमार से ही शुरू हुआ था। एक साइकल का प्रचार करने के लिए अभिनेता जानकीदास के संग अशोक कुमार ने तेज साइकल चलाने की चैम्पियनशिप की थी। बम्बई के ब्रेबोर्न स्टेडियम में 18 मई, 1951 को दोनों अभिनेताओं की साइकल दौड़ शुरू हुई। फ़िल्म निर्देशक किशोर साहू के नेतृत्व में लगभग 35 हज़ार दर्शकों की उपस्थिति में चैम्पियन दौड़ शुरू हुई। जानकीदास ने जीत हासिल की। यहां जीत-हार गौण होकर साइकल चलाने को बढ़ावा देना प्रमुख उद्देश्य था।

अशोक के छोटे भाई नायक-गायक किशोर कुमार की भांति प्रारम्भिक कुछ फ़िल्मों में अशोक कुमार ने भी गायन किया था। 'चलती का नाम गाड़ी' फ़िल्म में तीनों भाइयों (अशोक, किशोर और अनूप) ने काम किया था।

अशोक की आवाज़ में अस्थमा सी खरखराहट कोई बीमारी न होकर अभिनय को अंजाम देने की पीड़ा थी। फ़िल्म 'राखी' के क्लाइमेक्स में उन्हें मरना था। फ़िल्म के निर्देशक भीमसिंह का निर्देश था कि इफ़ेक्ट के लिए मौत की घरघराहट (डेथ राटल) चाहिए, जो हो नहीं रही थी। भीम सिंह ने अशोक को सलाह दी कि 15-20 गिलास फ्रिज का ठंडा पानी पी लो। अशोक ने सलाह का पालन किया। सीन तो ओके हो गया, मगर अशोक को बुखार आ गया और सेट से सीधे मद्रास के एक हॉस्पीटल में पहुंचाया गया। उसी समय से अशोक कुमार की संवाद अदायगी में हांफने का थोड़ा अंश आ गया।

दादा मुनि के नाम से जाने जाने वाले अशोक कुमार को अनेक फ़िल्मी सम्मान मिले। भारत सरकार ने 'पद्मश्री' अलंकार प्रदान किया।

होमियोपैथिक डॉक्टर, भाषाविद्, गायक, ज्योतिषाचार्य अशोक कुमार की अंतिम फ़िल्म 'रिटर्न आफ़ ज्वेलथीफ' (1966) थी।

अशोक ने 1987 के बाद से अपना जन्म दिन (13 अक्टूबर) मनाना छोड़ दिया, क्योंकि इसी तिथि को उनके छोटे भाई किशोर कुमार का देहांत हो गया था।

अशोक की प्रमुख फ़िल्में – 'अछूत कन्या', 'बंधन', 'झूला', 'किस्मत', 'महल', 'अफसाना', 'दीदार', 'भाई-भाई', 'एक ही रास्ता', 'मिस्टर एक्स', 'चलती का नाम गाड़ी', 'हावड़ा ब्रिज', 'धूल का फूल', 'कल्पना', 'आरती', 'बंदिनी', 'गुमराह', 'मेरी सूरत तेरी आंखें', 'चित्रलेखा', 'ऊंचे लोग', 'ममता', 'विक्टोरिया नं 203' आदि हैं।

जीवन के अंतिम समय तक अपनी बेटी प्रीति द्वारा स्थापित 'अशोक कुमार, एकेडमी ऑफ ड्रामेटिक आर्ट्स' की कक्षाएं लेते एवं अभिनय का प्रशिक्षण देते रहें।

इनका निधन 10 दिसम्बर 2001 को हुआ।

बचपन में उनकी मां ने उन्हें शेक्सपियर के नाटकों से परिचित करवाया। उनके कथनानुसार, "मां की कृपा से मुझे छोटी उम्र में ही पढ़ने का शौक जगा।" अशोक का मानना था कि गहरा अध्ययन आपके दिमाग को कुशाग्र बना देता है। एक कलाकार के लिए तो यह और भी ज़रूरी हो जाता है।

अभिनेत्री देविका रानी ने सबसे पहले अशोक को अभिनय का पाठ पढ़ाया, "तुम सिर बहुत हिलाते हो। अनावश्यक हिलना-डुलना नहीं चाहिए।" देविका रानी की तरह लीला चिटनिस ने भी कहा था, "आप अपनी आंखों का इस्तेमाल नहीं करते।"

अशोक की शादी सफल नहीं रही। घर वालों के दवाब में उन्होंने शादी तो कर ली, लेकिन लड़की वालों को जब यह पता चला कि लड़का फ़िल्मों में है, तो उनका वैवाहिक बंधन टूट गया। इस घटना से उनके पिता दुखी हुए, मगर अशोक अभिनय में रम गए। जब वह फ़िल्मों में

लगभग स्थापित हो गए उन्हीं दिनों उनके पिता बम्बई आ पहुंचे। वह बताने आए थे कि उन्हें पोस्टल एंड इनकम टैक्स इंस्पेक्टर के रूप में 500 रुपए महीने वाली नौकरी मिल सकती है। उस समय पांच सौ रुपए की नौकरी एक मायना रखती थी। अशोक ने फ़िल्मों के प्रति अपने रुझ्ाान और भविष्य में तरक्की करने की बात बताकर अपने पिता को संतुष्ट किया और नौकरी का प्रस्ताव नकार दिया।

आगे चलकर वह अभिनय के प्रति समर्पित हो गए। अभिनय ने उनको ऊचाइयां दीं और हद से अधिक आर्थिक सम्बल भी दिया।

सन् 1990 में उन्हें 'राष्ट्रीय पुरस्कार' हेतु ज्यूरी का चेयरमैन नियुक्त किया गया। इस सम्बन्ध में अपने संस्मरण में दादा मुनि अशोक कुमार ने बताया :

वह काफी बुरा अनुभव था। अलग-अलग स्थानों से काफी दवाब डाला गया था। सत्यजित राय को जिस पल पता चला कि चेयरमैन मैं हूं, उन्होंने तुरंत अपनी फ़िल्म 'आगन्तुक' वापस ले ली। मैंने उन्हें समझाने की काफी कोशिश की, पर वह अपने फैसले पर अडिग रहे। दरअसल, उन्हें पता था कि आर्ट फ़िल्मों के बारे में मेरी क्या राय है। अब तक आर्ट या ऑफ बीट फ़िल्मों को ही राष्ट्रीय पुरस्कार देने का प्रचलन था, जबकि मेरी राय यह थी कि जो फ़िल्म बोरियत की हद तक धीमी गति से आगे बढ़े, वही आर्ट फ़िल्में हैं। संयोग से उस वर्ष जिस फ़िल्म 'घायल' को राष्ट्रीय पुरस्कार मिला, वह कमर्शियल फ़िल्म थी। इससे सत्यजित राय ने अपने फैसले को जहां सही ठहराया, वहीं राष्ट्रीय पुरस्कार हेतु कमर्शिलय फ़िल्मों को आगे लाकर मैं भी बहुत संतुष्ट था। आगे चलकर तो कई कमर्शियल फ़िल्मों को राष्ट्रीय पुरस्कार मिले।

सिनेमाई इतिहास की किताबें हमें बताती हैं कि जिन दिनों अशोक कुमार बाम्बे टॉकीज़ के लिए 'किस्मत' फ़िल्म में काम कर रहे थे, उन्हीं दिनों बाम्बे टॉकीज़ के एक जर्मन निर्देशक फ्रेंज आस्टिन ने उनसे कहा था कि वह एक अभिनेता के तौर पर कभी कामयाब नहीं हो पाएंगे, लेकिन

अशोक ने इस कथन को गलत साबित कर दिया। 'किस्मत' (1943) ने बाक्स आफ़िस पर सफलता के रिकॉर्ड कायम किए।

छह दशकों के अपने फ़िल्मी सफ़र में उन्होंने हर तरह की भूमिका निभाई। प्रेमी, डॉक्टर, जज, चोर, शराबी, इंस्पेक्टर, दादा, साधु और बूरे आदमी तक के किरदारों को जीवंत किया। जब फ़िल्म इंडस्ट्री में देवआनंद, राजकपूर और दिलीप कुमार की तिकड़ी का बोलबाला था, तब भी अशोक अडिग रहे और जब अधिकांश अभिनेता अपनी पकड़ खो रहे थे, अशोक कुमार तब भी लोकप्रियता की सीढियां चढ़ रहे थे। उन्होंने पांच पीढ़ियों तक की विभिन्न अभिनेत्रियों के साथ श्रेष्ठ काम किया।

साठ के दशक में जब नायक की भूमिका सिमटकर सिर्फ रोमांस करने की रह गई, तब दादा मुनि ने अपने आपको केन्द्रीय भूमिका की तरफ़ शिफ़्ट कर लिया और चरित्र भूमिकाएं निभाने लगे।

अशोक कुमार ने राजकपूर के साथ 'बेवफा', देव आनंद के साथ 'बादवान' और दिलीप कुमार के साथ 'दीदार' फ़िल्मों में काम किया और अपनी भूमिका सहजता से अभिनीत की।

फ़िल्मों के अलावा अन्होंने दूरदर्शन धारावाहिकों में भी काम किया। 'हमलोग', 'बहादुरशाह जफ़र', 'दादा-दादी की कहानियां', 'भीम-भवानी', 'हम हिन्दुस्तानी' जैसे धारावाहिकों में अपनी दबंग उपस्थिति दर्ज कराई

फाल्के पुरस्कार प्राप्ति के दौर तक आते-आते दादा मुनि अकेले रह गए थे। मुंबई के तीन मंजिले फ्लैट में वह व्यथाओं में डूबे रहते थे। भाई किशोर और अनूप साथ छोड़ गए थे। पत्नी शोभा (वैवाहिक संबंध टूटने के बाद की पत्नी) भी चल बसी। बच्चे अपने-अपने परिवारों में सेट हो गए। अंतिम समय में वह बीमार रहने लगे थे। अन्ततः इस जहान से विदाई का बुलावा भी आ गया।

अशोक कुमार को मिले प्रमुख सम्मान इस प्रकार हैं –

- संगीत नाटक अकादमी पुरस्कार (1959)
- नागरिक अलंकरण पद्मश्री' (1962),

- ‘राखी’ फ़िल्म के लिए सर्वश्रेष्ठ अभिनेता का फ़िल्म फेयर पुरस्कार (1962),
- ‘अफ़साना’ के लिए श्रेष्ठ सह अभिनेता का फ़िल्म फेयर पुरस्कार (1966),
- ‘आशीर्वाद’ के लिए श्रेष्ठ अभिनेता का राष्ट्रीय पुरस्कार (1969)
- सन 1988 का देश का सर्वोच्च सिने सम्मान दादा साहेब फाल्के पुरस्कार (1989)
- फ़िल्म फेअर का लाइफ़ टाइम अचीवमेंट अवॉर्ड (1996)
- नागरिक अलंकरण ‘पद्म भूषण’ (1999)

फ़िल्मी सफरनामा अशोक कुमार का

1. जीवन नैया (1936)
2. अछूत कन्या (1936)
3. जन्म भूमि (1936)
4. सावित्री (1937)
5. इज्ज़त (1937)
6. प्रेम कहानी (1937)
7. निर्मला (1938)
8. वचन (1938)
9. कंगन (1939)
10. बंधन (1940)
11. आज़ाद (1940)
12. झूला (1941)
13. अनजान (1941)

14. नया संसार (1941)
15. क़िस्मत (1943)
16. नजमा (1943)
17. चल-चल रे नौजवान (1944)
18. किरण (1944)
19. हुमायूं (1945)
20. बेगम (1945)
21. आठ दिन (1946)
22. उत्तरा-अभिमन्यु (1946)
23. शिकारी (1946)
24. साजन (1947)
25. चन्द्रशेखर (1948)
26. पद्मिनी (1948)
27. महल (1949)
28. समाधि (1950)
29. संग्राम (1950)
30. आधी रात (1950)
31. निशाना (1950)
32. खिलाड़ी (1950)
33. मशाल (1950)
34. अफसाना (1951)
35. दीदार (1951)
36. बेवफा (1952)

37. जलपरी (1952)

38. क़ाफिला (1952)

39. पूनम (1952)

40. तमाशा (1952)

41. रागरंग (1952)

42. नौबहार (1952)

43. नग़मा (1953)

44. परिणीता (1953)

45. शोले (1953)

46. शमशीर (1953)

47. बादबान (1954)

48. लकीरें (1954)

49. नाज़ (1954)

50. समाज (1954)

51. बंदिश (1955)

52. सरदार (1955)

53. भाई-भाई (1956)

54. एक ही रास्ता (1956)

55. बंदी (1956)

56. एक साल (1956)

57. जीवन साथी (1956)

58. मिस्टर एक्स (1956)

59. शतरंज (1957)

60. इंस्पेक्टर (1957)

61. शेरू (1957)

62. उस्ताद (1957)

63. चलती का नाम गाड़ी (1958)

64. हावड़ा ब्रिज (1958)

65. फरिश्ता (1958)

66. कारीगर (1958)

67. लाइट हाउस (1958)

68. नाइट क्लब (1958)

69. रागिनी (1958)

70. सितारों से आगे (1958)

71. सवेरा (1958)

72. धूल का फूल (1959)

73. बेदर्द जमाना क्या जाने (1959)

74. बाप-बेटे (1959)

75. डाका (1959)

76. कंगन (1959)

77. नाच-घर (1959)

78. नई राहें (1959)

79. आंचल (1960)

80. काला आदमी (1960)

81. कल्पना (1960)

82. कानून (1960)

83. मासूम (1960)

84. वारंट (1961)

85. आरती (1962)

86. नक़ली नवाब (1962)

87. बेजुबान (1962)

88. हॉन्गकॉन्ग (1963)

89. मेहंदी लगी मेरे हाथ (1963)

90. इसी का नाम दुनिया है (1963)

91. राखी (1963)

92. आज और कल (1963)

93. बंदिनी (1963)

94. गृहस्थी (1963)

95. गुमराह (1963)

96. मेरे महबूब (1963)

97. मेरी सूरत तेरी आंखे (1963)

98. उस्तादों के उस्ताद (1964)

99. ये रास्ते हैं प्यार के (1964)

100. बेनज़ीर (1964)

101. दूज का चांद (1964)

102. चित्रलेखा (1964)

103. फूलों की सेज (1964)

104. पूजा के फूल (1965)

105. आकाश दीप (1965)

106. आधी रात के बाद (1965)

107. बहू-बेटी (1965)

108. भीगीरात (1965)

109. चांद और सूरज (1965)

110. नया कानून (1965)

111. ऊंचे लोग (1965)

112. अफ़साना (1966)

113. दादी मां (1966)

114. ममता (1966)

115. यह जिन्दगी कितनी हसीन है (1966)

116. बहू बेगम (1967)

117. ज्वैल थीफ़ (1967)

118. मेहरबान (1967)

119. नई रोशनी (1967)

120. आबरू (1968)

121. दिल और मोहब्बत (1968)

122. एक कली मुस्काई (1968)

123. आशीर्वाद (1968)

124. आंसू बन गए फूल (1969)

125. दो भाई (1969)

126. भाई-बहन (1969)

127. इंतकाम (1969)

128. पैसा या प्यार (1969)

129. सत्यकाम (1969)

130. आराधना (1970)

131. प्यार का सपना (1970)

132. जवाब, (1970)

133. मां और ममता (1970)

134. पूरब और पश्चिम (1970)

135. सफर (1970)

136. शराफत (1971)

137. दूर का राही (1971)

138. गंगा तेरा पानी अमृत (1972)

139. अधिकार (1972)

140. हम तुम और वो (1972)

141. नया जमाना (1972)

142. उम्मीद (1972)

143. पाकीज़ा (1972)

144. अनुराग (1972)

145. दिल, दौलत दुनिया (1972)

146. मालिक (1972)

147. राखी और हथकड़ी (1972)

148. विक्टोरिया नं. 203 (1972)

149. सजा (1973)

150. ज़मीन-आसमान (1973)

151. जिन्दगी-ज़िन्दगी (1973)

152. धुंध (1973)

153. बड़ा कबूतर (1973)

154. दो फूल (1973)

155. टैक्सी ड्राइवर

156. दो आंखें (1974)

157. दुल्हन (1974)

158. बढ़ती का नाम दाढ़ी (1974)

159. पैसे की गुड़िया (1974)

160. प्रेम नगर (1974)

161. छोटी-सी बात (1975)

162. आक्रमण (1975)

163. दफा 302 (1975)

164. चोरी मेरा काम (1975)

165. एक महल हो सपनों का (1975)

166. मिली (1976)

167. उलझन (1976)

168. अर्जुन पंडित (1976)

169. आपबीती (1976)

170. बारूद (1976)

171. एक से बढ़कर एक (1977)

172 भंवर (1977)

173. हरफन मौला (1977)

174. रंगीला रतन (1977)

175. संतान (1978)

176. शंकर दादा (1978)

177. अनपढ़ (1978)

178. अपना खून (1978)

179. दिल और दीवार (1978)

180. फूल खिले हैं गुलशन-गुलशन (1978)

181. दो मुसाफ़िर (1978)

182. तुम्हारे लिए (1979)

183. जनता हवलदार (1979)

184. बगुला भगत (1979)

185. आखिरी इंसाफ (1980)

186. आपके दीवाने (1980)

187. जुदाई (1980)

188. खुबसूरत (1980)

189. नजराना प्यार का (1980)

190. सौ दिन सास के (1980)

191. साजन मेरे मैं साजन की (1981)

192. टक्कर (1981)

193. चलती का नाम जिंदगी (1981)

194. मान गए उस्ताद (1981)

195. ज्योति (1981)

196. जेल-यात्रा (1981)

197. अनोखा बंधन (1982)

198. दर्द का रिश्ता (1982)

199. हीरों का चोर (1982)

200. शौकीन (1982)

201. मेहंदी रंग लाएगी (1982)

202. संबंध (1982)

203. चोर पुलिस (1983)

204. बेक़रार (1983)

205. हादसा (1983)

206. महान (1984)

207. प्रेम तपस्या (1984)

208. फ़रिश्ता (1984)

209. अक़लमंद (1984)

210. दुनिया (1985)

211. दुर्गा (1985)

212. राम तेरा देश (1985)

213. गृहस्थी (1985)

214. तवायफ़ (1985)

215. भागो भूत आया (1986)

216. वो दिन आएगा (1986)

217. अम्मा (1986)

218. प्यार किया है, प्यार करेंगे (1987)

219. शत्रु (1987)

220. प्यार की जीत (1987)

221. अवाम (1987)

222. मिस्टर इंडिया (1988)

223. हिफ़ाज़त (1988)

224. वतन के रखवाले (1988)

225. जवाब हम देंगे (1988)

226. क्लर्क (1989)

227. मौत की सजा (1989)

228. मजबूर (1990)

229. सच्चाई की ताक़त (1989)

230. हमला (1992)

231. रिटर्न ऑफ़ ज्वैल थीफ़ (1996)

गायकी का सफ़र अशोक कुमार का

एकल

1. मेरे दिल की दुनिया उजड़ गई (जन्म भूमि), 1936
2. चलता रहे सागर भी (निर्मला) 1938,
3. फूलो तुम आज खुशी से (वचन) 1938,
4. न जाने किधर आज मेरी नाव चली (झूला), 1941,
5. मेरा मन खो गया (नया संसार) 1941,
6. क्या मोहब्बत का यही अंजाम है (नजमा) 1943,
7. नजरों की दुनिया आबाद कर दे (नजमा) 1943,
8. आंखें तो हुईं बंद (बेगम) 1945,
9. लाज भरे, इन नैनों से (उत्तर-अभिमन्यु), 1946,

10. सपेरा बीन बजैयो रे (पद्मिनी), 1948,
11. नाव चली नानी की नाव चली (आशीर्वाद), 1968,
12. रेलगाड़ी-रेलगाड़ी (आशीर्वाद), 1968,
13. प्रभुजी मेरे अवगुन चित न धरो (कंगन), 1972,

युगल

14. 'मैं बन की चिड़िया', देविका रानी के साथ (अछूत कन्या) 1936
15. 'भरने दे मोहे नीर', देविका रानी (इज्ज़त), 1937
16. 'मतवाले नैनों वाली', देविका रानी (इज़्जत), 1937
17. 'क्यों बजे हृदय वीणा के तार', लीला चिटनिस के साथ (कंगन), 1939
18. 'राधा-राधा प्यारी राधा', लीला चिटनिस (कंगन), 1939
19. 'चल-चल रे नौजवान', लीला चिटनिस व साथी (बंधन), 1940
20. 'आज मौसम सलौना', रहमत बानो व अरुण कुमार (झूला), 1941
21. 'मेरे जीवन पथ पर', देविका रानी (अनजान), 1941
22. 'प्यारे-प्यारे सपने हमारे', साथी (अनजान), 1941
23. 'कब तक बोलो छिपी रहोगी', रेणुका देवी (नया संसार), 1941
24. 'चमको-चमको बिजुरिया चमको', नसीम (चल चल रे नौजवान), 1944
25. 'डोल रही हैं नैया', साथी (शिकारी), 1946
26. 'हर दिन है नया', अमीर बाई कर्नाटकी (शिकारी), 1946
27. 'चलो हसीन गीत इक बनाए', चिरा श्री भट्टाचार्य (शौकीन), 1982

लता मंगेशकर
(1989)

28 सितम्बर 1929 को इन्दौर (म.प्र.) में लता नामक नक्षत्र का उदय हुआ, जिसके आभा मंडल से भारत का गीत-संगीत जगत प्रकाशमान है और देश की सीमाओं से परे भी जिसकी किरणें जगमगाती हैं।

लता एक इन्सान है
विभिन्न अभिमानित शाखाओं से
पल्लवित हैं।
लता का जिक्र करते जाओ, करते जाओ
कोई अंत नहीं है
कंठ कोकिला लता
फ़िल्मी जगत की शान लता
गायन में अतुलनीय लता
भारत रत्न से गौरवान्वित लता
गिनीज बुक रिकॉर्डधारी लता
दादा साहेब फाल्के सम्मान से सम्मानित लता
फ़िल्म फेयर लाइफ़ टाइम एचीवमेंट पुरस्कृत लता
लक्स सिने लाइफ टाइम एचीवमेंट पुरस्कृत लता
आई. आई. एफ. लंदन लाइफ़ टाइम एचीवमेंट पुरस्कृत लता
चतुरंग प्रतिष्ठान का जीवन गौरव लता
वीडियोकोन सिने पुरस्कृत लता
पद्मश्री लता
पद्मभूषण लता
अन्य अनेक पुरस्कारों से नवाज़ी गई लता
सांसद लता
'प्रभुकुंज' की वासिनी लता

सदियों का नाम लता
संगीत का खजाना लता
कुदरत का करिश्मा लता
लता का जिक्र करते जाओ, करते जाओ,
कोई अंत नहीं हैं,
लता एक नाम नहीं सदियों की किवदंती है,
लय और तारीफ़ का संगम है लता।

माई मंगेशकर और दीनानाथ मंगेशकर की पुत्री लता ने गीत-संगीत के परिवेश में आंखें खोली। दीनानाथ मंगेशकर अच्छे संगीतकार थे। जगह-जगह गीत संगीत के प्रोग्राम देकर यत्र-तत्र भ्रमण करते और परिवार का भरण पोषण करते। लता इन प्रोग्रामों में साथ होतीं। दीनानाथ का निधन हो जाने से किशोर अवस्था में ही लता पर मां के अतिरिक्त अपने चार बहन भाइयों (आशा, उषा, मीना बहनें एवं भाई हृदयनाथ) के भरण पोषण की ज़िम्मेदारी आ गई।

लता के फ़िल्मी परिचय की आज कोई विशेष आवश्यकता नहीं हैं, क्योंकि आम भारतीय लता से वाकिफ़ हैं, फिर भी यह बताना समीचीन होगा कि लता ने सर्व प्रथम 14 वर्ष की उम्र में मराठी फ़िल्म 'गजा भाऊ' (1943) में गाना गया था – 'माता एक सपूत की दुनिया बदल दे तू...।' बसंत जोगलेकर की फ़िल्म 'आपकी सेवा में' (1947) से हिन्दी फ़िल्मों में गाना गाने का जो सिलसिला शुरू हुआ, वह अब तक बरकरार है।

गानों का जिक्र ही चला आया, तो लता के स्वर-खजाने के अनमोल मोतियों की ही बानगी प्रस्तुत कर दी जाए, जो तत्कालीन समय में मनभावन थीं, आज भी हैं और आगे भी निरंतर मनभावन बनी रहेंगी।

आएगा आएगा आएगा आने वाला (महल), हवा में उड़ता जाए मेरा लाल डुपट्टा मलमल का (बरसात), चुप चुप खड़े हो जरूर कोई बात हैं (बड़ी बहन), आजा रे अब मेरा दिल पुकारे' (आह), छुप गया कोई रे दूर से पुकार के (चंपाकली), तुम न जाने किस जहां में (सजा), पंछी बनूं

उड़ती फिरूं (चोरी चोरी), आजा रे परदेशी (मधुमति), ज्योति कलश छलके (भाभी की चूड़ियां), दिल का दिया जला के गया (अमरदीप), चांद फिर निकला मगर (पेइंगगेस्ट), कहीं दीप जले कहीं दिल (बीस साल बाद), अपने आप रातों में (शंकर हुसैन), सखीरी मेरा मन उलझे, (चित्रलेखा), जाने क्यों लोग मुहब्बत किया करते हैं (मेहबूब की मेहंदी), ये दिल और उनकी निगाहों के साए (प्रेम पर्वत), मौसम है आशिकाना (पाक़ीज़ा), बाबुल प्यारे (जानी मेरा नाम), दिल हूम हूम करे (रुदाली), ऐ मेरे वतन के लोगों (गैर फ़िल्मी), सो गए हैं दिल के अफसाने (जुबेदा), कभी खुशी कभी गम (कभी खुशी कभी गम)।

आज लता 85 वर्ष की वृद्ध हो गई हैं। गायन की स्वर लहरी ज्यों-की-त्यों बरकरार है। इन्सान की आवाज़ की कोई उम्र नहीं होती, किसी दार्शनिक का यह कथन लता पर लागू होता है।

'राजा की आएगी बारात, रंगीली होगी रात....' जैसे मधुर स्वरों से असंख्य लोगों की संगीतमयी बारात सजाने वाली लता, स्वयं की बारात बुलाने से अभी तक वंचित रही हैं, यानी की वह अभी तक अविवाहित हैं। इसे एक विडम्बना ही कहा जाएगा।

लता जैसी गायिका सदियों में एक ही पैदा होती है। वह आज हम सबके बीच मौजूद हैं। उन्हें हम अपनी आंखों के सामने चलते-फिरते गाते देख पा रहे हैं, जो किसी ईश्वरीय वरदान से कम नहीं हैं। संक्षिप्त में यही कहा जा सकता है –

स्वरों में मधु, राग में कोकिला है लता।
शब्दों में गुल, महक में गुलिस्तां है लता।
'दिलचस्प' लता के सजदे का कोई अंत नहीं।
सरगम संगीत लय का करिश्मा है लता।

लता ने चार हिन्दी एवं चार मराठी फ़िल्मों में अभिनय भी किया है। उनके नाम इस प्रकार हैं : 'बड़ी मां (1945), जीवन-यात्रा (1946), सुभद्रा (1946), एवं मंदिर (1948), ये सभी हिन्दी फ़िल्में हैं। मराठी

फ़िल्में हैं, पहली मंगलागौर (1942), चिमुकला संसार (1943), माझे वाल (1943), एवं गजाभाऊ (1944), एक हिन्दी फ़िल्म 'छत्रपति शिवाजी' (1952) में एक गीत दृश्य में उपस्थित थीं, 'पुकार' (2000) में भी एक दृश्य में लता दिखाई दीं।

लता ने पांच मराठी फ़िल्मों में 'आनन्द धन' नाम से संगीत भी दिया है, 'राम राम पाहुणे (1950) मोहित्यांची मंजुला (1963), मराठा तितुका मेलवावा (1964), साधी माणसं (1965) एवं ताम्बड़ी माटी (1969)।

लता ने दो मराठी फ़िल्मों, बादल (1953), कांचन गंगा, (1955), एवं दो हिन्दी फ़िल्मों 'झांझर (1953), लेकिन (1990) का निर्माण भी किया है। 'झाझर' फ़िल्म में उनके सहयोगी संगीतकार सी. रामचन्द्र थे।

लता को चार दफा फ़िल्म फेअर अवॉर्ड प्राप्त हुए हैं –

'मधुमती' (1958), आजारे परदेसी...

'बीस साल बाद' (1962) कहीं दीप जले कहीं दिल...

'खानदान' (1965), तुम्हीं मेरे मंदिर, तुम्हीं मेरी पूजा...

'जीने की राह' (1969), आप मुझे अच्छे लगने लगे...

ऐसा कहते हैं कि इसके पश्चात् लता ने फ़िल्म फेयर अवॉर्ड लेने से मना कर दिया और नई प्रतिभाओं को दिए जाने की सिफारिश की। अपने फ़िल्मी गायन की शुरुआत (1947) से सन् 2006 तक विभिन्न संगीतकारों के निर्देशन में एवं विभिन्न गायकों के साथ गाए लता के गीतों का ब्यौरा इस प्रकार है।

100 से अधिक गीतों वाले संगीतकार –

- लक्ष्मीकांत प्यारे लाल के संगीत निर्देशन में 696 गीत
- शंकर जयकिशन 453
- राहुल देव बर्मन 331
- कल्याणजी आनन्द जी 302
- सी. रामचन्द्र 298

- चित्रगुप्त 240
- मदन मोहन 210
- एस. डी. बर्मन 182
- नौशाद 161
- रौशन 146
- हेमंत कुमार 139
- राजेश रोशन 132
- अनिल चौधरी 128
- अनिल विश्वास 123
- बसंत देसाई 112
- भप्पी लाहिड़ी 111 और हुस्नलाल भगत राम के निर्देशन में 107 गीत गाए।

लता द्वारा विभिन्न गायकों के संग पचास से अधिक युगल गीतों का ब्यौरा –

- मोहम्मद रफी के साथ गाए 440,
- किशोर कुमार 327
- मुकेश 161
- मन्ना डे 107
- तलत महमूद 65
- हेमंत कुमार 52
- सी रामचन्द्र 50
- आशा भोसले 74
- उषा मंगेशकर के साथ गाए 62 गीत

गायकों में सर्वाधिक पुस्तकें लता पर जारी हुईं —

- 'लता मंगेशकर : ए बायोग्राफी' (अंग्रेजी), राजू भारतन
- 'इन सर्च आफ़ लता मंगेशकर' (अंग्रेजी) हरीश भीमानी
- लता मंगेशकर एक जीवनी (ऊपर वाली पुस्तक का हिन्दी अनुवाद), भीमानी
- फुले वेचिता (मराठी), लता के विचारों का संकलन (लता द्वारा लिखे लेख)
- लता मंगेशकर (मराठी), शान्ता शेलके
- गंधार स्वर यात्रा (हिन्दी) विश्वास नेरूरकर
- लता गीत कोश (भाग एक, बांगला गीत), स्नेहाशीष चटर्जी
- गाए लता-गाए लता (हिन्दी-मराठी),डॉ0 मैंडार बी. बिछू
- लता गीत कोष (भाग आठ, गुजराती गीत), स्नेहाशीष चटर्जी।

दो प्रसंग लता के पक्ष में नहीं जाते हैं। पहला तो यह कि वाजपेयी सरकार के वक्त उन्होंने वाजपेयी रचित कविताओं को अपने सुर दिए। किसी कविता काव्य को सुर देना कोई गलत भी नहीं है, मगर अनेक फ़िल्मी समीक्षकों की राय थी कि लता को किसी राजनेता की कविता को स्वर नहीं देना चाहिए था, जबकि उस कविता में उच्च कोटि रचना धर्मिता भी नहीं थीं। ऐसी स्थिति में स्वर भी सराहना न पा सका।

लता के बारे में कथन है कि लता ने 1998 तक 30 हजार गाने गाए, जिसके कारण उनका नाम 'गिनीज बुक' में दर्ज हुआ है। लेखक विश्वास नेरूरकर द्वारा लता पर लिखित गीत कोश 'गंधार स्वर यात्रा' (1989) के अनुसार लता के गाए कुल गीतों की संख्या 5067 हैं। इनमें एकल गीत 3341 हैं। इसके बाद लता ने प्रति वर्ष 10 से 30 गीत ही गाए हैं। सन 1989 से 1998 तक नौ वर्षों में नई-नई गायिकाओं के आ जाने एवं ढलती उम्र में लता द्वारा पच्चीस हजार गाने गाना मुश्किल

ही नहीं असंभव भी है, फिर भी स्वर कोकिला ने गायिकी में कीर्तिमान स्थापित कर दिखाया।

आलोचनाओं के दो अन्य प्रकरण भी रहे हैं। लता के स्थापित हो जाने पर लता ने अन्य गायिकाओं को आगे बढ़ने का मौका नहीं दिया, बल्कि फ़िल्मकारों को बाध्य किया कि उनके रहते वे अन्यों को स्थान न दें। लता ने गायकी से करोड़ों-करोड़ रुपए कमाकर फ़िल्मवालों या देश की जनता के लिए कुछ नहीं किया। यह संदेश मिलने पर लता ने पुणे में अपने माता-पिता के नाम पर अस्पताल बनवाया।

लता को तीन फ़िल्मों में गायन के लिए 'राष्ट्रीय फ़िल्म पुरस्कार' प्राप्त हुए हैं –

- 'परिचय' (1972)
- 'कोरा कागज' (1974)
- 'लेकिन' (1990)

लता को विभिन्न विश्वविद्यालयों द्वारा डीलिट (मानद डॉक्टरेट) की उपाधि प्रदान की गई हैं। यथा –

1. कोल्हापुर विश्वविद्यालय,
2. हैदराबाद विश्वविद्यालय,
3. नागपुर विश्वविद्यालय,
4. खैरागढ़ संगीत विश्वविद्यालय।

मध्य प्रदेश सरकार ने सन् 1984 से फ़िल्मी गायकों और संगीतकारों के लिए लता के सम्मान में सुगम संगीत का अलंकरण शुरू किया है। अब तक निम्नांकित फ़िल्मकारों को यह अलंकरण प्राप्त हो चुका है –

1. संगीतकार नौशाद (1984)
2. गायक-संगीतकार किशोर कुमार (1985)
3. संगीतकार जयदेव (1986)

4. गायक मन्ना डे (1987)

5. संगीतकार खैयाम (1988)

6. गायिका आशा भोसले (1989)

7. संगीतकार लक्ष्मीकांत प्यारेलाल (1990)

8. गायक येसुदास (1991)

9. गायक-संगीतकार राहुल देव बर्मन (1992)

10. गायिका संध्या मुखर्जी (1993)

11. संगीतकार अनिल विश्वास (1994)

12. गायक तलत महमूद (1995)

13. संगीतकार कल्याणजी आनन्दजी (1996)

14. ग़ज़ल गायक जगजीत सिंह (1997)

15. संगीतकार इलैया राजा (1998)

16. गायक एस.पी. बालासुब्रमण्यम (1999)

17. गायक संगीतकार भूपेन हजारिका (2000)

18. गायक महेन्द्र कपूर (2001)

19. रवीन्द्र जैन (2002)

20. गायक सुरेश वाडकर (2003)

21. ए.आर. रहमान (2004)

22. कविता कृष्णमूर्ति (2005)

23. हृदयनाथ मंगेशकर (2006)

24. नितिन मुकेश (2006)

25. रवि (2008)

26. अनुराधा पौड़वाल (2009)

27. राजेश रोशन (2010)

28. हरिहरन (2011)

लता सम्मान में एक लाख रूपये नकद दिए जाते हैं। एक वर्ष यह सम्मान संगीतकार को एवं एक वर्ष यह सम्मान गायक या गायिका को दिया जाता है।

सुरीले और यादगार गीतों का इतिहास रचने वाली लता के प्रति गीत-संगीत और फ़िल्म से जुड़े महारथियों का नजरिया इस प्रकार है –

लता किसी तारीफ की नहीं, बल्कि परस्तिश के काबिल हैं।

नरगिस

लता की आवाज मिलने के बाद पर्दे पर उनकी आवाज़ में होंठ हिलाने वाली अभिनेत्रियां अपनी सफलता को लेकर निश्चिंत हो जाती हैं।

जया बच्चन

लता जी हैं, तो हम हैं, हमारी खूबसूरती है, हमारी अदाकारी है।

माधुरी दीक्षित

लता गाती हैं, बाकी सब रोते हैं।

सज्जाद हुसैन

संगीत के क्षेत्र में लता क्या आईं, हमें लगा फ़रिश्ता आ गया।

अनिल विश्वास

बचपन में ज्योतिषी ने बिल्कुल सही भविष्य बताया था, मगर उसने यह नहीं बताया कि लता नाम की देवी की आवाज तुम्हारे संगीत में गाएगी।

मदन मोहन

'अतुलनीय' कोई और शब्द नहीं।

सी. रामचन्द्र

धड़कता है दिले हिन्दोस्तां आवाज में।

नौशाद

कमबख़्त कभी बेसुरी नहीं होती, क्या अल्लाह की देन है।

उस्ताद बड़े गुलाम अली खां

बीसवीं सदी की तीन घटनाएं याद रहेंगी, लता का जन्म, चन्द्रमा पर मानव का कदम और बर्लिन की दीवार का ध्वंस होना।

जगजीत सिंह

अगर ताजमहल दुनिया का सातवां अजूबा है, तो लता को आठवां अजूबा मानना पड़ेगा।

उस्ताद अमजद अली खां

हमारे पास एक चांद है, एक सूरज है और एक लता मंगेशकर।

जावेद अख्तर।

इस जगत में शाश्वत कुछ भी नहीं है। हर किसी वस्तु का पर्याय मिल जाता है। अगर नहीं मिलता, तो लता जी की दैवी आवाज का।

इलैया राजा

लता की आवाज़ हमारे देश का एक सांस्कृतिक तथ्य है, जो हम पर हर दिन उजागर होता है। उनकी आवाज सुने बगैर शाम नहीं ढलती-सिवाय कि आप बधिर हों।

गुलजार

आज से 500 वर्ष बाद भारतीय संगीत के दो ही नाम याद किए जाएंगे, तानसेन और लता।

गौतम राजाध्यक्ष

सच कहूं, असल में उनके विशाल व्यक्तित्व से अचंभित हूं।

ए.आर. रहमान

सच में वह मिलेनियम की आवाज हैं।

अमिताभ बच्चन

हिन्दुस्तान में लता मंगेशकर हमारे लिए अमूल्य धरोहर हैं। उनकी लोकप्रियता ही तवज्जो का पैमाना नहीं है, बल्कि तवज्जों इस बात की है कि उनकी मधुर वाणी और स्वर-साधना हमारे मस्तिष्क पर सीधे असर डालते हैं।

पं. विश्व मोहन भट्ट

लता जी की जितनी बड़ी हैसियत हैं, मेरे पास उसे बयान करने के लिए शब्द नहीं हैं वह मेरे लिए स्कूल हैं, अदबकी जगह हैं।

आबिदा परवीन

लता मंगेशकर की आवाज का मेरे लिए वही महत्व है, जो सांस लेने के लिए ताज़ी हवा का होता है।

पंडित जसराज

जिस तरह फूल की खुशबू का या महक का कोई रंग नहीं होता, वह महज खुशबू होती है। जिस तरह बहते हुए पानी के झरने या ठंडी हवाओं का कोई मस्कन, वतन या घर नहीं होता, जिस तरह उगते हुए सूरज की किरणों का अथवा किसी मासूम बच्चे की मुस्कुराहट का कोई मजहब नहीं होता, वैसे ही लता की आवाज़ कुदरत की तख्लीक़ का एक करिश्मा है।

दिलीप कुमार

लता अविवाहित हैं। संगीतकार सी. रामचंद्र का झुकाव लता की ओर था, लेकिन बात बनी नहीं। एक दफा अफवाह उड़ी कि उन्होंने क्रिकेट प्रशासक से शादी कर ली। लता ने इसका खण्डन किया। एक दफा गायक-संगीतकार भूपेन हजारिका की पत्नी ने आरोप लगाया था कि उनके पति और लता में गलत संबंध है।

फिल्म जगत में इस प्रकार के आरोप लगाना या चर्चाएँ चलना सामान्य है। इनसे परे मनभावन आवाज की स्वर साम्राज्ञी, सादा व्यक्तित्व ग्रहण करने वाली और मिलनसार महिला है।

फिल्म 'सतरंगी' (2011) के गायन "तेरे हँसने से मुझको आती है हँसी..." के बाद अब तक (2014) उन्होंने किसी फिल्म में गायन नहीं किया।

13 जनवरी 2013 को लता ने अपनी म्यूजिक कंपनी 'एल.एम. म्यूजिक' शुरू की।

लता को 10 लाख रुपये का प्रथम 'यश चोपड़ा पुरस्कार' 19 अक्टूबर 2013 को प्रदान किया गया।

ए. नागेश्वर राव

(1990)

ए. नागेश्वर राव का जन्म 20 सितंबर 1923 को गुडीनारा (आन्ध्र प्रदेश) के किसान परिवार में हुआ। नागेश्वर अपने माता-पिता की 9वीं संतान थे। पूर्व में जन्में 8 में 4 बच्चों का निधन हो गया था। गांव के पंडितों और भविष्य वक्ताओं ने कहा कि ग्यारह वर्षों तक इस बालक का लालन पालन 'लड़कियों की तरह करें, अन्यथा यह भी मर जाएगा। डर और अंधविश्वास के चलते नागेश्वर के घर वालों ने उसे लड़की की भांति फ्रॉक पहना कर, चोटियां गूंथकर, गुड्डे-गुड़ियों के खिलौने देकर उसकी परवरिश की। संयोग से स्कूल के नाटकों में उसे लड़की की भूमिका दी जाती थी। सातवीं कक्षा के पश्चात् नागेश्वर ने पढ़ाई छोड़ दी।

आजीविका के लिए वह एक नाटक मंडली में शामिल हो गए। वह नाटक मंडली छोटे-छोटे गांवों में नाटक मंचन करती थी। नागेश्वर को नाटक मंडली में प्रति शो के 5 रुपए मिलते थे। नाटक मंडली में भी उसे लड़की का ही रोल मिलता था। सुन्दर नाक-नक्श और भावपूर्ण अभिनय के कारण नागेश्वर 'मादक महिषि' (ग्लैमर क्वीन) के नाम से विख्यात हो गए। उनके 'तुलसी' और 'जरासंध' नाटकों को देख फ़िल्म निर्माता बारनरा मैया फ़िल्मों में काम दिलाने कि लिए सन् 1944 में मद्रास ले गए। वहां उन्हें पुरुष पात्र की भूमिका दी गई। अब तक वह नायिकाओं की भूमिका किया करते थे। मर्दाने तौर तरीके और लटके-झटके सीखने में उन्हें थोड़ा वक्त लगा। निरंतर अभ्यास से नारीपन की कोमलता को दूर कर सके। फ़िल्म 'सीताराम जनम' से तेलुगु फ़िल्मों में एक नए नायक अक्विनी नागेश्वर राव (ए नागेश्वर राव) का अवतार हुआ। इस पहली फ़िल्म में वह घुड़सवार, तलवारबाज़ और शक्तिशाली पहलवान नज़र आए। इन किरदारों को कई फ़िल्मों में दोहराया गया।

उस समय की उनकी 'मायालोकम्' एवं 'बलराजू' फ़िल्में हिट रहीं। बलराजू फ़िल्म में नागेश्वर ने भोले-भाले संगीत प्रेमी चरवाहे की भूमिका

अभिनीत की। फ़िल्म में वीरता के साथ रोमांस के प्रसंग भी थे। यह फ़िल्म तेलुगु में रोमांटिक फ़िल्मों की सीढ़ी बन गई। इसी फ़िल्म में नागेश्वर 'ग्लैमर क्वीन' से 'ग्लैमर किंग' हो गए। इसके बाद आई उनकी फ़िल्मों समसाराम, लैला मजनूं, अनारकली एवं देवदास से 'ग्लैमर किंग की पुख्ता पुष्टि हो गई। तमिल फ़िल्म 'परदेशी' में उनका अभिनय लाजवाब था। 'चरणदासी', 'विप्रनारायण', 'परिवर्तन', 'अर्द्धांगिनी', कन्ना टल्ली, तेनाली रामकृष्ण' आदि उनकी फ़िल्में हिट रहीं।

अभिनय का सजीव चित्रित करने पर मिडिल शिक्षित नागेश्वर को विश्वविद्यालयों ने सम्मानित किया। सन् 1980 में उत्तर केरोलिना नुशविलेनगर में उन्हें सम्मानित कर मानद नागरिकता प्रदान की गई। हैदराबाद की बंजारा हिल्स पर अपनी पत्नी 'अन्नपूर्णा' के नाम से एक फ़िल्म स्टूडियो स्थापित किया, जिससे मद्रास (चेन्नई) पलायन कर रहे कलाकार हैदराबाद में ही स्थापित होने लगे और अपने राज्य की कला को विकसित करने में सहायक हुए।

नागेश्वर के अनुसार सन् 1950 से 70 तक का समय तेलुगु फ़िल्मों का श्रेष्ठ पीरियड रहा। इस अवधि में कहानी व कलाकारों के चयन पर विशेष ध्यान दिया जाता था। अब तो फ़िल्मों में सेक्स और हिंसा का बोलबाला हो गया है।

एक साक्षात्कार में नागेश्वर ने कहा था, 'बाईपास सर्जरी के लिए अमरीका जाने पर वहां उन्होंने एक फ़िल्म 'रेम्बो भाग-3' देखी। फ़िल्म क्रूरता से भरी थी, जिसमें 116 कत्ल हुए। हमारे यहा पहले 10 प्रतिशत फ़िल्में हिंसा प्रधान बनती थीं, मगर अब रेम्बो की तर्ज पर 60 प्रतिशत फ़िल्में हिंसक बनने लगी हैं। नागेश्वर राव के लड़के नागार्जुन भी तेलुगु फ़िल्मों के लोकप्रिय हीरो हैं। नागार्जुन को अभिनय सीखने के लिए उन्होंने उसे आशा चन्द्रा के अभिनय संस्थान में भेजा। नागेश्वर का मत है कि कला की बारीकियों को सीखे और उनमें डूबे बिना जीवंत अभिनय नहीं हो सकता।

22 जनवरी 2014 को उनका निधन हो गया।

भालजी पेंढारकर
(1991)

भालजी पेंढारकर का जन्म 3 मई 1898 कोल्हापुर (महाराष्ट्र) में हुआ। भालचन्द्र गोपाल पेढारकर (आदर से भालजी) ने मैट्रिक तक शिक्षा प्राप्त की। उनके पिता डॉक्टर थे। पिता और अधिक शिक्षा दिलाकर डॉक्टर बनाना चाहते थे, मगर उनका झुकाव फ़िल्मों की ओर था। इस झुकाव की वजह से वह घर से भागकर पूना में आए और वहां के एक टॉकीज़ में गेटकीपर बन गए।

कुछ समय लोकमान्य तिलक के मराठी दैनिक 'केसरी' में काम किया। केसरी के जरिए फ़िल्म निर्माता-अभिनेता सोहराब मोदी के सम्पर्क में आए और उनके नाटकों से जुड़ गए। यहां भी पूरा मेहनताना न मिलन से वह सेना में भर्ती हो गए, मगर अंग्रेजों की ज्यादती न सह पाने के कारण वहां से पलायान कर गए।

फिर से एक टॉकीज़ से जुड़ गए और अनुभवों के आधार पर उसी टॉकीज़ के मैनेजर हो गए। अंग्रेजी का ज्यादा ज्ञान नहीं था, इसलिए मैनेजर की नौकरी भी ज्यादा समय न चली। पुनः फ़िल्म जगत में आ गए।

प्रारम्भ में कई फ़िल्मों के निर्माता भालजी से अपनी फ़िल्मों के शीर्षक लिखवाते थे। मूक फ़िल्मों के संवाद होते नहीं थे। कहानी समझाने के लिए बीच में शीर्षक की पट्टियां दिखाई जाती थीं।

शीर्षक लेखन के पश्चात् वह फ़िल्मों की पटकथाएं लिखने लगें। सर्व प्रथम उन्होंने बाबूराव पेंटर की फ़िल्म मार्कंडेय (1922) की पटकथा लिखी मगर स्टूडियों में आग लग जाने से योजना आगे नहीं बढ़ी। सफल फ़िल्म 'पृथ्वी वल्लभ' की पटकथा लिखने के साथ ही उन्होंने इस फ़िल्म में खलनायक की भूमिका की। प्रभात टॉकीज़ की एक अन्य फ़िल्म 'सैरंध्री' की पटकथा एवं संवाद भी उन्होंने ही लिखे थे।

अपने भाई बाबूराव के साथ मिलकर उन्होंने राष्ट्रीयता से सजी फ़िल्म 'वंदेमातरम् आश्रम' (1927) बनाई। ब्रिटिश सरकार को यह फ़िल्म जंची नहीं। आक्रोश में आकर सरकार ने भालजी को जेल में बंद कर दिया और फ़िल्म में काफी कांट-छांट कर डाली। कांट-छांट के बाद जब वह फ़िल्म प्रदर्शित हुई, तो दर्शकों पर प्रभाव डालने में विफल रही।

भालजी ने अपना फ़िल्म स्टूडियो 'प्रभाकर पिक्चर्स' (1943) शुरू किया।

'हिन्दू महासभा' से जुड़े रहने का ख़ामियाज़ा भी भालजी को भुगतना पड़ा। गांधी हत्याकांड से आक्रोशित हुई भीड़ ने उनके स्टूडियो को जला डाला। काफ़ी नुकसान हुआ। कई महत्वपूर्ण फ़िल्में आग में नष्ट हो गईं। भालजी को जेल में डाल दिया गया। दो माह बाद रिहाई हुई।

उनकी फ़िल्म 'साधी मजासा' (1965) एवं 'तम्बादी' (1967) को राष्ट्रीय पुरस्कार से नवाजा गया। भालजी की फ़िल्म 'श्याम सुन्दर' (1934) ने रजत जयंती मनाई। यह पहला मौका था, जब किसी फ़िल्म ने देश में रजत जयंती मनाई।

भालजी ने अपने जन्म स्थल कोल्हापुर में 'ज्योतिप्रभा' नाम से अपना फ़िल्म स्टूडियो स्थापित किया, जिसे 65 वर्ष की उम्र में भी संचालित रखा। उम्र के जिस पड़ाव पर आकर व्यक्ति माला जपने लग जाते हैं, उस उम्र में भी वह फ़िल्में बनाते रहे। उन्हें 'चित्र तपस्वी' की उपाधि से अलंकृत किया गया।

भालजी अब तक फाल्के पुरस्कार सम्मान पाने वालों में सबसे बड़ी उम्र के फ़िल्मी हस्ती थे, जिन्हें 93 वर्ष की अवस्था में यह सम्मान प्रदान किया गया था।

उनका निधन 28 नवम्बर 1994 को हुआ ।

भूपेन हजारिका

(1992)

भूपेन ने बाल कलाकार के रूप में असमिया फ़िल्म 'इन्द्रमालती' (1939) से अपना फ़िल्मी जीवन शुरू किया। भूपेन की कुछेक लोकप्रिय फ़िल्में इस प्रकार हैं : 'एरा बातार सुर' (1956), 'शकुंतला' (1960), 'लाटिघोटि' (1967), 'प्रतिध्वनि' (1964), 'चिकमुक बिजली' (1971), 'मोन प्रजापति' (1978) आदि।

'शकुंतला' तथा 'लोटी घोटी' के लिए उन्हें सर्वोत्तम निर्माता-निर्देशक के राष्ट्रीय पुरस्कार से सम्मानित किया गया।

दूरदर्शन धारावाहिक 'लोहित किनारे' में भूपेन के संगीत की सराहना हुई।

फीचर फ़िल्मों के अलावा उन्होंने 'थ्रू मेलोडी एंड रिद्म', 'एमुथि सोलार काहिनी' एवं 'फार हूम द सन साइंस' नामक चर्चित डाक्यूमेंटरी फ़िल्में भी बनाई।

हिन्दी सिनेमा में उन्होंने सर्वप्रथम आत्माराम की फ़िल्म 'आरोप' (1973) में संगीत दिया। इस फिल़्म के दो गीत, 'जब से तूने बंसी बजाई' तथा 'नैनो में दर्पण है' लोकप्रिय हुए। फ़िल्म 'चमेली मेम साब' में उनके संगीतबद्ध गाने 'वशीकरण काजल कारे नैना', 'इंसां इंसां के लिए', 'ओ विदेशी बंधु दुर्भागी' भी खूब चले।

'चमेली मेम साब' फ़िल्म के लिए भूपेन को सन 1977 में फिर से राष्ट्रीय पुरस्कार प्राप्त हुआ।

भूपेन ने 'एक पल', 'रुदाली', 'दरमियां', 'गजगामिनी', 'क्यों', 'दमन' फ़िल्मों में भी कर्णप्रिय संगीत दिया। 'रुदाली' फ़िल्म तो उनके मधुर संगीत से ही जानी गई। इस फ़िल्म में उन्होनें 'दिल हूम हूम करे...' गाना भी गाया, जो बेहद लोकप्रिय हुआ। उन्होंने कई और फ़िल्मी गीत भी गाए।

भारत सरकार ने उन्हें 'पद्म भूषण' अलंकार से सम्मानित भी किया।

भूपेन हज़ारिका का जन्म 1926 में सादिया (असम) में हुआ। बहुमुखी प्रतिभा के धनी भूपेन असमिया फ़िल्मों के निर्माता, निर्देशक, गीतकार, संगीतकार, गायक तथा अभिनेता भी रहे। हरफ़न मौला किशोर कुमार (गायक-अभिनेता) की भांति कला क्षेत्र की विविधताओं में रंगे भूपेन फ़िल्म के समस्त पहलुओं के सृजन में माहिर रहे हैं। शिक्षा एवं राजनीति में वह अन्य कलाकारों से आगे रहे।

काफ़ी समय तक भूपेन पत्रकारिता में संलग्न रहे। वहां से राजनीति में आ गए। राजनीति में उनकी पूछ तो रही, मगर फ़िल्मी सम्मान और शोहरत की भांति राजनीति में स्थान न बना पाए। राजनीति में आने से यह घाटा भी रहा कि कला की तरफ़ पूरा समय नहीं दे पाए जिसके कारण एक प्रकार की कुंठा उत्पन्न हुई और साथ ही राजनीतिक प्रतिद्वन्द्वी भी।

भूपेन ने बनारस हिन्दू विश्वविद्यालय से स्नातक एवं राजनीति-शास्त्र में स्नातकोत्तर किया। अमरीका के कोलम्बिया विश्वविद्यालय से जन-संचार में डॉक्टरेट की उपाधि ग्रहण की। संगीत की शैक्षणिक परियोजना विकास के इस्तेमाल विषय पर शिकागो विश्वविद्यालय से फ़ैलोशिप प्राप्त की।

अपने विविध ज्ञान को फ़िल्मों में लगाने पर वह सफल रहे। साथ ही पत्रकारिता में भी बेजोड़ रहे। देश की राजनीति को शायद उन्होंने पढ़ा ही था, प्रेक्टिकल आज़माया नहीं था, जिसकी वजह से उनकी कला का पूर्ण सदुपयोग नहीं हुआ। चुनाव में जीत-हार कोई मायने नहीं रखती, मगर इस प्रकार का संघर्ष दीर्घकालीन पीड़ा अवश्य दे जाता है।

उन्होंने कई असमिया फ़िल्मों में संगीत दिया। सन् 1967 से 72 तक वह असम विधानसभा में निर्दलीय विधायक रहे। राजनीतिक महत्वकांक्षा के चलते संसद में बैठने का ख़्वाब भी देखा। दल बदलुओं एवं सुनहरे सपने दिखाने वालों के चक्कर में आकर उन्होंने अपनी राजनीतिक छवि

धूमिल कर ली। 13वें आम चुनाव में वह पराजित रहे और उनकी फ़िल्मी इमेज को भी ठेस पहुंची।

गुवाहाटी में पहले फ़िल्म स्टूडियो की स्थापना का श्रेय भूपेन हज़ारिका को ही जाता है। लोक संगीत में भूपेन की अच्छी पकड़ है। हिन्दी फ़िल्म 'रुदाली' में लोक संगीत का इस्तेमाल करने पर इस फ़िल्म के संगीत को भारी लोकप्रियता मिली और इसके लिए श्रेष्ठ संगीत निर्देशन का पुरस्कार प्राप्त हुआ। इस फ़िल्म का गीत 'दिल हूम हूम करे' आज भी कहीं बजता हैं, तो सुनने वाले ठिठक जाते है।

सन् 2006 से भूपेन कहानी लेखन की ओर मुड़े हैं। वेश्यावृत्ति विषय पर प्रदर्शित फ़िल्म 'चिंगारी' की कहानी अंग्रजी उपन्यास 'पोस्टमेन एंड प्रोस्टीट्यूट' से प्रेरित है। बॉक्स ऑफ़िस पर यह फ़िल्म लुढ़क गई थी।

5 नवंबर 2011 को भूपेन का निधन हो गया।

मजरूह सुल्तानपुरी
(1993)

इनका जन्म 1 अक्टूबर 1919 को उत्तर-प्रदेश के निज़ामाबाद शहर के सुल्तानपुरी गांव में हुआ। उनके पिता आज़मगढ़ में पुलिस इंस्पेक्टर थे। पिता अंग्रेज़ी पढ़ाना चाहते थे, ताकि बड़ा होकर 'साहब' बन सके। मजरूह को अंग्रेज़ी कठिन लगी, जबकि परशियन और अरेबियन सरल लगी। इसलिए इन दोनों भाषाओं को अपनाया भी। मजरूह का मूल नाम असरार हुसैन था। कवि मुशायरों की रुचि ने असरार से मजरूह (घायल) उपनाम रखने की प्रेरणा दी। गांव का नाम साथ जोड़कर हो गए मजरूह सुल्तानपुरी।

लखनऊ के यूनानी कॉलेज में शिक्षा प्राप्त कर एक वर्ष के लिए वह हकीम बने और मरीजों की दवा-दारू की। उनके दवाख़ाने में रात्रि को गीत-गज़लों का दौर चलता। वह फ़ैज़ अहमद फैज़ को अपना आदर्श मानते थे। मजरूह की योग्यता पहचानते हुए शायर जिगर मुरादाबादी ने उन्हें उनकी ग़ज़लों का संकलन एक पुस्तक के रूप में तैयार करने को प्रेरित किया। पुस्तक प्रकाशित भी हुई। इसकी प्रशंसा से कई ग़ज़लकार उनसे जुड़े।

एक मुशायरे में उन्हें बम्बई आमंत्रित किया गया। उस समय वह 24 वर्ष के थे। मुशायरे में फ़िल्म निर्माता ए.आर.कारदार भी थे। मजरूह की ग़ज़लों से कारदार प्रभावित हुए और अपनी बनने वाली फ़िल्म 'शाहजहां' में गीत लेखन के लिए आमंत्रित किया। शाहजहां के 10 में से 7 गीत मजरूह ने लिखे, जिसमें कुछ गीत, सहगल ने गाए, जैसे- कर लीजिए चलकर मेरी जन्नत के नज़ारे, 'गम दिए मुस्तक़िले', 'जब दिल ही टूट गया'। नौशाद के संगीत से सजी फ़िल्म 'अन्दाज़' के गीत भी मजरूह ने लिखे थे, जो खूब चले।

वामपंथी विचारधारा के इस गीतकार ने गंभीर गीत लिखे, तो सामान्य भी। 'मिस कोकाकोला' फ़िल्म के पांच गीत उन्होंने एक रोज में ही लिखे। मजरूह ने लगभग 360 फ़िल्मों में गीत लिखे। 'दोस्ती' फ़िल्म के गीत लेखन (राही मनुआ दुःख की चिंता, जाने वालों जरा मुड़कर देखो मुझें, कोई जब राह न पाए मेरे संग आए) पर उन्हें फ़िल्म फ़ेयर अवॉर्ड मिला। उनकी अंतिम फ़िल्म 'वन टू का फोर' थी।

मजरूह के गीतों से सजी कुछ फ़िल्में इस प्रकार हैं – सीआईडी, पेइंग गेस्ट, तुमसा नहीं देखा, काला पानी, सुजाता, आर-पार, बम्बई का बाबू, चलती का नाम गाड़ी, फिर वही दिल लाया हूं, आरजू आदि। 'काला पानी' में उनका लिखा गीत 'हम बेखुदी में तुमको पुकारे चले गए' को गायक रफ़ी ने अपना गाया बेहतरीन गीत बताया। गीत खूब चला।

उर्दू शायरी में विशेष योगदान के लिए उन्हें 'इक़बाल सम्मान' प्राप्त हुआ।

मज़रूह किसी गीतकार की नक़ल नहीं करते थे। उनका अपना अलग अंदाज था। आज़ादी मिलने के पश्चात् गीतकार प्रेमधवन ने एक ग़ैर फ़िल्मी गीत सुनाया – 'झूम झूम के नाचो आज, गाओ खुशी के गीत'। यह गीत संगीतकार नौशाद को अच्छा लगा। उन्होंने मजरूह से ऐसा ही गीत लिखने को कहा, मगर मजरूह को नक़ल पसंद न थी, इसलिए इनकार कर दिया। तब नौशाद साहब ने वह मुखड़ा ले लिया और एक अलग गीत लिखने को कहा। मजरूह तैयार हो गए। इस प्रकार फ़िल्म 'मेला' में वह गीत और प्रेम धवन का मुखड़ा मिलाकर नौशाद ने अपनी धुनों में ढाला। गीत बेहद लोकप्रिय हुआ। आज भी उस गीत को सुनने का मन करता है। इस प्रकार संगीतकार ओ.पी. नैयर ने मजरूह के लिखे गीत 'हमदम मेरे मान भी जाओ....' (कश्मीर की कली) में 'हमदम' की जगह और शब्द लेने को कहा, मगर मजरूह ने इनकार कर दिया। उन्होंने कहा था, 'यह गीत मैंने आपके लिए नहीं, फ़िल्म के लिए लिखा है'। "फ़िल्म के निर्माता सिप्पी ने उस शब्द को बदलने के लिए दबाव डाला, तो मजरूह ने कहा, आप गीतकार बदल लें।" बाद में गाने में 'हमदम'

ही रहा और गाना कामयाब भी हुआ।

एक बार उन्हें राजनेताओं का कोपभाजन बनना पड़ा, जब उन्होंने यह कहकर सत्य उजागर कर डाला, 'आज देश की हालत अच्छी नहीं है, क्योंकि सत्ता में चोर और बदमाश बैठे हैं। वो शहीदों का लहू और कफ़न बेच रहे हैं।'

'ममता' फ़िल्म के गीतों की रचना अविस्मरणीय रही। उनके निधन पर इस फ़िल्म का यह गीत खूब याद किया जाता हैं, 'रहें ना रहे हम महका करेंगे, बनके कली बनके सबा बागे वफ़ा में.... ।'

24 मई 2000 को उनका निधन हो गया।

दिलीप कुमार
(1994)

अभिनय में सबसे ज्यादा नकल दिलीप कुमार की हुई है। एक बार बलराज साहनी ने कहा था, "जब भी कोई सीन या चरित्र निभाने में मुझे मुश्किल आ जाती थी, तब मैं दिलीप साहब को याद करने लग जाता था। सोचता कि अगर इसे दिलीप साहब निभाते, तो कैसे करते। बस, तभी मेरे अन्दर शक्ति आ जाती थी।"

पिता मोहम्मद सरवर खान एवं माता आयशा बेगम की चौथी संतान युसुफ खान उर्फ दिलीप कुमार अपने शुरुआती जीवन में पूना के एक कैंटीन में नौकरी करते थे, जहां उन्हें 36 रुपये प्रति माह वेतन मिलता था। नौकरी के साथ वे फलों का व्यापार भी करने लगे थे। दादा हाजी मोहम्मद खान का दिलीप के प्रति गहरा लगाव था। अपने मां-बाप की दिलीप सहित 12 संतानें थीं, जिनमें 6 बहनें एवं 6 भाई थे। हाजी मोहम्मद एवं मोहम्मद सरवर ने संतानों से भेद भाव नहीं किया। इसके बावजूद अपनी चौथी संतान यूसुफ के प्रति विशेष रुझान था।

माता-पिता के गुजर जाने के बाद पारिवारिक बोझ उठाने का दायित्व यूसुफ के कंधों पर आ गया और उन्होंने इस दायित्व को बखूबी निभाया भी। बम्बई में जहां वे लोग किराये के मकान में रहते थे, वही मकान (बंगला) उन्होंने उस समय के अनुसार एक लाख पच्चीस हजार रुपये में खरीद लिया।

शुरुआती दौर में पठान मूल के दिलीप साहब की अंग्रेजी व हिन्दी एकदम कमजोर थी, क्योंकि उनकी मूल भाषा उर्दू थी। अपनी मेहनत और दृढ़ निश्चय से उन्होंने उस पर नियंत्रण कर लिया। अपनी उत्कृष्ट अभिनय क्षमता से भूमिका को जीवंतता प्रदान करना दिलीप की विशेषता है।

लोगों के कहने पर दिलीप के पिता ने दिलीप अभिनीत फ़िल्म 'शहीद'

(1947) देखी। जब 'शहीद' की शव-यात्रा का दृश्य पर्दे पर आया, तो उसे देख उनके पिता ने दिलीप से कहा, "बेटा, किसी फ़िल्म में मरने का रोल मत करना।

'मेला', 'जोगन', 'जुगनू', 'नदिया के पार', 'दीदार', 'शहीद' आदि फ़िल्मों का नायक (दिलीप) या तो अंत में मर जाता है या उसे उसकी प्रेमिका नहीं मिल पाती। हमेशा विरह, त्याग, बलिदान का उसे साथ देना होता है। इसीलिए उन्हें 'ट्रेजिडी किंग' कहा जाता है।

दिलीप के अभिनय की सबसे बड़ी विशेषता यह रही है कि वह अपने में इतने खो जाते कि दिलीप कुमार के स्थान पर दर्शकों को वही चरित्र साकार लगाने लगता था, जिसका वह अभिनय कर रहे होते। कमर्शियल सिनेमा का शायद ही कोई दूसरा अभिनेता दर्शकों से इतना नजदीकी रिश्ता बना पाया हो।

अनेक फ़िल्मों में ट्रेजिक रोल निभाने का नतीजा यह हुआ कि व्यक्तिगत जीवन में दिलीप कुमार डिप्रेशन में चले गये। लंदन के मनोचिकित्सक ने उन्हें समझाया कि भविष्य में ट्रैजिक रोल से दूर रहें। यही वजह थी कि बाद में दिलीप ने अपने को कॉमेडी में ढाला। 'आन', 'आजाद', 'नया दौर', 'कोहिनूर', 'राम और श्याम', आदि फ़िल्मों में उन्होंने एक अलग किस्म के हंसोड़, विदूषक और मजाकिया आदि किरदारों को निभाया। दिलीप ने आधी सदी से अधिक समय तक अपने दर्शकों के दिलों पर राज किया।

उस जमाने में जब बड़े सितारों को एक फ़िल्म में काम करने का मेहनताना 50 से 75 हजार रुपए मिलता था, दिलीप कुमार डेढ़ लाख रुपए लेते थे।

राजकुमार के साथ दिलीप ने दो फ़िल्मों में काम किया, 'पैगाम' (1959) तथा 'सौदागर' (1991)। 'सौदागर' की आउट डोर शूटिंग के पहले दिन राजकुमार ने जब दिलीप कुमार को हरियाणवी भाषा बोलते सुना तो चौंके। दूसरे दिन वह छिप-छिप कर दिलीप कुमार को

हरियाणवी बोलते हुए सुनते रहे। उसी रात फ़िल्म के निर्देशक सुभाष घई के सामने राजकुमार ने जिद की कि इस फ़िल्म में हम भी हरियाण ावी बोलेंगे। घई ने समझाया कि फ़िल्म में आपका किरदार राजा का है, हरियाणवी संवाद में दर्शक आपको स्वीकार नहीं करेंगे, पर राजकुमार अड़ गये। घई ने उन्हें दो दिन इस मामले पर सोचने का मौका दिया। राजकुमार ने कोशिश की, पर वह दिलीप कुमार की तरह हरियाणवी नहीं बोल पाए। दो रोज बाद वे मान गए। फ़िल्म पूरी होने के बाद उन्होंने दिलीप कुमार से कहा, "आपने फ़िल्म में जैसी हरियाणवी बोली है, वैसी शायद हम जिन्दगी भर नहीं बोल पाएंगे।"

पाकिस्तान सरकार का सर्वोच्च नागरिक सम्मान 'निशान ए इम्तियाज' (1997) दिलीप को दिया गया, तो देश में तरह-तरह की अफवाहें उड़ने लगी। उनके ईर्ष्यालुओं ने तो उन्हें पाकिस्तान का जासूस तक करार दे दिया था। दिलीप इस प्रकार के दुष्प्रचार से विचलित नहीं हुए और कुछ लोगों द्वारा यह सम्मान वापस करने की सलाह को दरकिनार कर दिया। यह अलग बात है कि प्रधानमंत्री मोराजी देसाई को जब यही सम्मान पाकिस्तान सरकार ने दिया, तो किसी भी प्रकार की गलत प्रतिक्रिया नहीं हुई। भारत सरकार ने भी तो देश का सर्वोच्च सम्मान 'भारत रत्न' पाकिस्तान के खान अब्दुल गफ्फार खां एवं दक्षिण अफ्रिका के पूर्व राष्ट्रपति नेल्सन मंडेला को दिया था। तब इन लोगों को किसी ने भी कहीं का जासूस नहीं बताया।

अभिनय के इतिहास पुरुष को मिले प्रमुख सम्मान का ब्यौरा इस प्रकार है –

- बम्बई के शेरिफ (1980)
- पद्मभूषण (1991)
- फ़िल्मों का सर्वोच्च 'दादा साहेब फाल्के' पुरस्कार (1994)
- पाकिस्तान सरकार का 'निशान ए इम्तियाज' सम्मान (1998)
- फिक्की की तरफ से लिविंग लीजेंड अवॉर्ड (2004)

- मैक्स स्टारडस्ट समारोह में 'लिविंग लीजेंड अवार्ड' (2007)
- फाल्के रत्न सम्मान (2007)

राज्य सभा के सांसद रहे दिलीप कुमार काफी समय से फ़िल्मों से लगभग दूर रहे हैं।

फ़िल्मी सफरनामा दिलीप कुमार का

1. ज्वार भाटा (1944)
2. प्रतिमा (1945)
3. मिलन (1946)
4. जुगनू (1947)
5. मेला (1948)
6. शहीद (1948)
7. नदिया के पार (1948)
8. घर की इज़्ज़त(1948)
9. अनोखा प्यार (1948)
10. शबनम (1949)
11. अन्दाज़ (1949)
12. बाबुल (1950)
13. आरज़ू (1950)
14. जोगन (1950)
15. आग (1951)
16. तराना (1951)
17. दीदार (1951)
18. हलचल (1951)

19. संगदिल (1952)
20. दाग़ (1952)
21. फुटपाथ (1953)
22. शिकस्त (1953)
23. अमर (1954)
24. आजाद (1955)
25. उड़न खटोला (1955)
26. इन्सानियत (1955)
27. देवदास (1955)
28. मुसाफ़िर (1957)
29. नया दौर (1957)
30. मधुमति (1958)
31. यहूदी (1958)
32. पैगाम (1959)
33. मुगल ए आजम (1960)
34. कोहेनूर (1960)
35. गंगा जमुना (1961)
36. लीडर (1964)
37. दिल दिया दर्द लिया (1966)
38. राम और श्याम (1967)
39. साधु और शैतान (1968)
40. संघर्ष (1968)
41. आदमी (1968)

42. गोपी (1970)
43. दास्तान (1972)
44. अनोखा मिलन (1972)
45. नगीना (1974)
46. फिर कब मिलोगी (1974)
47. बैराग (1976)
48. क्रांति (1981)
49. शक्ति (1982)
50. विधाता (1982)
51. मजदूर (1983)
52. मशाल (1984)
53. दुनिया (1984)
54. कर्मा (1986)
55. धर्माधिकारी (1986)
56. कानून अपना अपना (1989)
57. इज्जतदार (1990)
58. सौदागर (1991)
59. किला (1998)

दिलीप कुमार का जन्म 22 दिसम्बर 1922 में ब्लूचिस्तान (अब पाकिस्तान) में हुआ। फ़िल्मों में आने से पहले दिलीप कुमार अपने मूल नाम यूसुफ खान से फेरी लगाकर सब्जी बेचा करते थे। उनका फ़िल्मी कॅरियर चालीस के दशक में बाम्बे टॉकीज़ की फ़िल्म 'ज्वार-भाटा' से शुरू हुआ। बाम्बे टॉकीज़ की मालकिन देविका रानी को यूसुफ नाम जंचा

नहीं। उन्होंने यूसुफ़ से जहांगीर, वासुदेव और दिलीप इन तीनों में से एक नाम चुनने को कहा। यूयुफ़ ने दिलीप नाम चुना और अपनी पहली फ़िल्म से यूसुफ का नया अवतार दिलीप नाम से हो गया।

निर्माता शशधर मुखर्जी की फ़िल्म 'शहीद' तथा नितिन बोस की फ़िल्म 'मिलन' में दिलीप ने गंभीर भूमिका अभिनीत की। 'शहीद' फ़िल्म में नायक के मर जाने का दुखांत दृश्य था, फिर तो दिलीप ने कई फ़िल्मों में जैसे 'आंसू', 'फुटपाथ', 'शिकस्त', 'मेला', 'बाबुल', 'दीदार', 'उड़न-खटोला', आदि में दुःखांत चरित्र को जीवंत किया। वह सभी फ़िल्में सफल थीं, मगर इस प्रकार के चरित्रों को निभाने से दिलीप के साथ 'ट्रेजडी किंग' का खिताब जुड़ गया। 'आन' फ़िल्म से यह ठप्पा हटा, मगर दिलीप की सुपर हिट फ़िल्मों 'अमर', 'देवदास', 'मुगल ए आजम' से पुनः इसकी पुनरावृत्ति हो गई।

ट्रैजडी किंग से परे की गंभीर और चुनौतीपूर्ण भूमिकाओं में भी दिलीप और उनकी फ़िल्में सफल रहीं। अन्य अभिनेताओं ने उन्हें अभिनय का स्कूल मानकर उनकी नक़ल करनी शुरू कर दी।

दिलीप कुमार को सर्वाधिक 'फ़िल्म फेयर' पुरस्कार मिले है। 'दाग', 'आजाद', (1955), 'देवदास' 'नया दौर,' (1960), 'लीडर' (1965), 'राम और श्याम' (1967) ये सभी फ़िल्में पुरस्कृत और प्रशंसित रही हैं। वैसे 'नया दौर' व 'इंसानियत' फ़िल्में भी किसी पुरस्कार से कम न थीं, जिनमें दिलीप की बेजोड़ अदाकारी थी।

सन् 1963 में उनकी खुद की फ़िल्म 'गंगा-जमुना' प्रदर्शित हुई, जो डाकू समस्या पर आधारित थी। गंवई किसान मज़दूर किरदारों में गुंथी यह फ़िल्म पूरब बोली जाने वाली भाषा की फ़िल्म थी, जिसे संवाद अदायगी एवं अभिनय में दिलीप ने कमाल कर दिया।

'गंगा-जमुना' के प्रदर्शन के दौरान दिलीप को सेंसर बोर्ड से काफ़ी परेशानी झेलनी पड़ी थी। इन दिक़्क़तों के चलते वह फ़िल्म आठ माह तक प्रदर्शित न हो पाई। सेंसर बोर्ड की उस समय की आपत्ति जानकर

फ़िल्मों में रुचि रखने वाले लोगों को आश्चर्य होगा। फ़िल्म में डाकुओं द्वारा ट्रेन लूटने के दृश्य पर सेंसर को आपत्ति थी। एक अन्य आपत्ति भी सेंसर बोर्ड को थी। एक दृश्य में नायक मरते वक़्त 'हे राम' कहता है। 'हे राम' को सेंसर बोर्ड ने महात्मा गांधी से जोड़ लिया था। कट्टर गांधीवादी नेता मोराजी देसाई के हस्तक्षेप करने से फ़िल्म प्रदर्शित हुई और सुपर हिट रही।

सेंसर द्वारा रोड़े अटकाए जाने के कारण दिलीप ने भविष्य में फ़िल्म निर्माण से सदा के लिए अपने को अलग कर लिया।

अन्य अभिनेताओं की तरह वह कई शिफ्टों में और एक साथ कई फ़िल्मों में काम नहीं करते। एक साल में मुश्किल से एक या दो फ़िल्में करते हैं। राज्यसभा के सांसद बनने के पश्चात् तो अभिनय करना लगभग छोड़ दिया।

किसी वक्त की 'ब्यूटी क्वीन' एवं प्रसिद्ध अभिनेत्री सायरा बानो उनकी पत्नी हैं।

सत्तर के दशक में दिलीप की फ़िल्में 'आदमी', 'गोपी', 'संघर्ष', 'दिल दिया दर्द लिया', 'बैराग' जैसी फ़िल्में अति सफल न रही, मगर उन सभी में दिलीप का अभिनय ऊचाइयों पर था, तथापि वे फ़िल्में घाटे का सौदा भी न थीं। इन फ़िल्मों के एक दशक पश्चात् मनोज कुमार की 'क्राति' फ़िल्म से दिलीप ने चरित्र अभिनेता की भूमिकाएं शुरू कर दीं।

रमेश सिप्पी की फ़िल्म 'शक्ति' में दिलीप के सामने आज के सुपर स्टार अभिताभ बच्चन थे। दिलीप की अदाकारी दमदार रही। 'राम और श्याम' को फ़िल्म फेयर पुरस्कार मिला।

सुधाकर बोकाड़े की फ़िल्म 'कलिंगा' में शीर्षक भूमिका निभाने के साथ ही दिलीप ने इस फ़िल्म का निर्देशन भी किया, मगर फ़िल्म कामयाब न रही।

दिलीप को अनेक प्रकार के सम्मान व पुरस्कार प्राप्त हुए। राजीव गांधी अवार्ड, यू.पी. जर्नलिस्ट अवार्ड, बंगला पत्रकार परिषद् अवार्ड, फ़िल्म

फेयर द्वारा लाइफ़ टाइम एचिवमेंट अवॉर्ड आदि। सन् 1980 में बम्बई के शेरिफ़ रहे। भारत सरकार ने 'पद्मश्री' एवं 'पद्मभूषण' सम्मान से अलंकृत किया। पाकिस्तान सरकार ने 'निशान ए इम्तियाज' सम्मान से नवाज़ा। मोरारजी देसाई के पश्चात् इस प्रकार का सम्मान पाने वाले वह दूसरे भारतीय हैं। दिलीप की प्रशंसक देश-विदेश की जानी-मानी हस्तियां रही हैं। प्रधानमंत्री पं. नेहरू ने दिल्ली के लालकिला मैदान की जनसभा में कहा था, 'हिन्दुस्तान के कौने-कौने में दो व्यक्तियों की आवाज़ को लोग सुनते हैं। एक मेरी और दूसरी दिलीप साहब की।'

श्रीलंका की प्रधानमंत्री रह चुकी श्रीमती सिरीमावो भंडारनायके ने दिलीप से मिलने के चक्कर में अपनी विदेश पात्रा को कई घंटे स्थगित कर दिया। दिलीप एक बार इंग्लैंड गए, तब महारानी एलिजाबेथ दिलीप से मिलने के लिए बेताब होकर स्वयं ही चल पड़ीं तो उन्हें समझाया गया कि आप महारानी हैं, यहीं रुकिए। दिलीप कुमार को ही यहां बुलवा लिया जाएगा।

अभिनय की गहराई के दिलीप महास्तंभ हैं। दर्शकों के सच्चे प्यार को सभी पुरस्कारों की तुलना में ऊंचा मानने वाले दिलीप का कहना है कि आज की फ़िल्में तकनीकी दृष्टि से उन्नत और सफल हैं, मगर अभिनय की गुणवत्ता प्रस्तुति व विषयवस्तु के लिहाज से पिछड़ी हैं।

राजकुमार
(1995)

कन्नड़ अभिनेता राजकुमार का बचपन का नाम मुथूराज था। पिता रंगमंच के अभिनेता थे। वह चाहते थे कि उनका बेटा भी अभिनय क्षेत्र में उतरे। मुथू अभिनय की कोशिश तो करते, मगर रिहर्सल के दौरान घबरा जाते थे। उनके पिता के गुस्से और क्रूर स्वभाव के कारण अभिनय को अच्छी तरह से अंजाम नहीं दे पाते थे।

पिता की क्रूरता को लेकर एक साक्षात्कार में राजकुमार (मुथू) ने बताया था, "मुझे पढ़ाई के लिए स्कूल भेजना तो दूर घर पर भी अक्षर-ज्ञान कराने से पिताजी ने परहेज़ किया। पिताजी बात-बात में उत्तेजित होकर मेरी पिटाई कर देते थे। यह इतनी निर्मम होती थी कि धोती में ही पेशाब कर दिया करते थे। पिताजी जब पीट-कर थक जाते तब मुंह से भरे पान की पीक उसके चेहरे पर इस तरह थूकते थे कि सारा चेहरा पीक से रंग जाता था।"

पिता के भय की वजह से रिहर्सल में वह अक्सर लड़खड़ा जाते थे। एक बार नाटक के निर्देशक गुब्बी वीरन्ना ने मुथू से अर्जुन के अभिनय के लिए रिहर्सल करवाई, मगर उनके अभिनय से संतुष्ट नहीं हुए, फलतः अन्य किसी से रिहर्सल करवाई। नाटक के रोज़ अर्जुन का अभिनय करने वाला आया नहीं। मजबूरन मुथूराज को स्टेज पर भेजा गया। भीड़ में उन्हें उनके पिता नज़र नहीं आए। उन्होंने निडर होकर अर्जुन के पात्र को जीते हुए अभिनय किया। दर्शक उनके अभिनय एवं संवाद अदायगी के कायल हो गए।

गुब्बी वीरन्ना को बालक मुथू भा गया। सन् 1954 में अपनी फ़िल्म 'बेदरा कनप्पा' में मुख्य भुमिका के लिए मुथू को लेने का फैसला किया। स्क्रीन टेस्ट में मुथू सफल हो चुके थे। एक दिन वहां के प्रांतीय

समाचार-पत्रों में पूरे पृष्ठ का 'बेदरा कनप्पा' का विज्ञापन था, जिसमें एक नए अभिनेता राजकुमार को नायक के रूप में लिए जाने का संदेश था। मुथू नाराज हुए और गुस्से में वीरन्ना के पास गए और इस प्रकार का फ्रॉड करने पर काफ़ी कुछ कहा। वीरन्ना ने मधुर मुस्कान के साथ कहा, 'बेदरा कनप्पा' के नायक का नाम मुथूराज से राजकुमार कर दिया गया है। इस प्रकार 90 रुपए मासिक वेतन पाने वाला रंगमंच का कलाकार मुथूराज परदे पर राजकुमार के रूप में प्रकट हुआ और आगे चलकर इसी नाम से प्रसिद्धि और पहचान मिली।

राजकुमार की प्रारम्भिक फ़िल्में 'कबीर,' 'कनकदास', 'तुकाराम', 'राघवेन्द्र स्वामी', 'गोरा' आदि हिन्दू संतों पर आधारित थीं। इन फ़िल्मों से उन्हें संत की तरह लोकप्रियता मिली। उन दिनों कन्नड़ फ़िल्मों में कल्याण कुमार एवं उदय कुमार जैसे नायक लोकप्रिय थे। अपनी अभिनय क्षमता के बल पर राजकुमार इन सबसे आगे निकल गए और दक्षिण भारत में, विशेषकर कर्नाटक में जन-जन के चहेते अभिनेता बन गए। अपने सदव्यवहार, सादगी एवं समय की पाबंदी के कारण वह 'स्वर्ण पुरुष' के नाम से मशहूर हुए।

'कनकदास' एवं 'भक्त कुंभारा' फ़िल्मों को वह अपने अभिनय की बेहतर फ़िल्में मानते हैं। राजकुमार ने अनगिनत फ़िल्मों में हीरो का रोल किया। मात्र एक फ़िल्म 'हिरण्य कश्यप' में खलनायक बनें। सामाजिक कथानक में उनकी फ़िल्म 'शंकर गुरु' सर्वोत्तम मानी जाती है। एक साथ तीन विविध भूमिकाओं वाली यह फ़िल्म सुपर हिट रही। यही फ़िल्म हिन्दी में 'महान' नाम से बनी, जिसमें अमिताभ ने तिहरी भूमिका अभिनीत की।

सामाजिक दायित्वों का निर्वहन करने के लिए वह पर्दे पर धूम्रपान तथा मदिरापान वाले दृश्य नहीं करते। इस प्रकार की प्रेरणा अन्य सितारे भी लें, तो उनके अनुसरण में देश का कायाकल्प हो जाए। एक ट्रस्ट के माध्यम से राजकुमार जन-कल्याण योजनाओं में आर्थिक सहायता देते रहते हैं।

जासूसी फ़िल्मों में उनकी 'जेम्स बाण्ड' की भूमिका भी सराहनीय रही। इस प्रकार की चार फ़िल्मों में उन्होंने अभिनय किया और वे चारों फ़िल्में सफल रहीं।

राजकुमार के दोनों लड़के (शिव कुमार और राघवेन्द्र राजकुमार) भी कन्नड़ फ़िल्मों के लोकप्रिय स्टार हैं। 200 से ऊपर फ़िल्मों में काम कर चुके राजकुमार ने एन.टी.रामाराव. नागेश्वरराय, शिवाजी गणेशन एवं अशोक कुमार को अपना आदर्श माना है।

राजकुमार के जन-जन का चहेता बन जाने का नाजायज फ़ायदा उठाते हुए चन्दन तस्कर वीरप्पन ने इस सदी के शुरू में राजकुमार का अपहरण कर लिया और अपनी एक कैसेट कर्नाटक सरकार को भेजते हुए उनकी रिहाई के लिए 5 करोड़ रुपए की मांग की। जनता उग्र हो उठी। स्थिति विस्फोटक हो गई। बिचौलियों द्वारा वीरप्पन को कई समझौता प्रस्ताव भेजे गए। आखिरकार 3 महीने 19 दिनों के बाद वीरप्पन ने राजकुमार को रिहा किया।

24 अप्रैल 1929 को जन्मे राजकुमार का 12 अप्रैल 2006 को निधन हो गया।

शिवाजी गणेशन

(1996)

शिवाजी गणेशन का जन्म अक्टूबर, 1927 में हुआ। शिवाजी का मूल नाम बिल्लुपुरम् चिन्निहा गणेशन था। अपने फ़िल्मी कॅरियर को उन्होंने विविधता के साथ जिया। मर्दाने नायक, क्रूर खलनायक, हंसोड़ विदूषक, रोमांटिक नर्तक और प्रभावशाली संवाद अदायगी करने वाले अभिनेता के बतौर वे लाजवाब माने जाते थे। उनका रंगमंच से फ़िल्मों में पदार्पण सन् 1952 में 'पराशक्ति' फ़िल्म से हुआ।

एक बार वह 'शिवाजी कांडा साम्राज्यम्' नाटक में शिवाजी की भूमिका कर रहे थे। दर्शकों में द्रविड़ मुन्नेत्र कषघम (डी.एम.के) के संस्थापक ई.वी. रामास्वामी नायकर भी थे। उन्हे गणेशन का अभिनय इतना अच्छा लगा कि उनके नाम के पूर्व शिवाजी जोड़कर उन्हें शिवाजी गणेशन कर दिया।

छह वर्ष की आयु में नाटक कंपनी में काम करने वाले गणेशन एम.आर. राधा (फ़िल्म अभिनेता) द्वारा शुरू की गई नाट्य संस्था 'सरस्वती गणसभा' में अभिनेता बने। इस दौरान वह प्रख्यात राजनेता सी.एन. अन्नादुराई के सम्पर्क में आए तथा उनके द्वारा लिखे गए नाटकों में अभिनय किया।

गणेशन की पहली फ़िल्म 'पराशक्ति' की पटकथा एवं संवाद राजनेता एम.करुणानिधि ने लिखे थे। संवाद अदायगी की उनकी शैली तमिल सिनेमा की बहुमूल्य धरोहर बन गई। गणेशन के संवादों को राजनेताओं ने अपने भाषणों में इस्तेमाल किया।

शिवाजी के पिताजी स्वतंत्रता संग्राम के सेनानी थे और माता घरेलू महिला थीं। शिवाजी की प्रथम फ़िल्म 'पराशक्ति' अनीश्वरवाद को प्रोत्साहित करने वाली थी, जिसके चलते वह नास्तिक बन गए। सन्

1952 में कमला से उनका विवाह हुआ। कमला ने धीरे-धीरे उनकी सोच को परिष्कृत करके नास्तिक से आस्तिक बनाया।

शिवाजी ने 275 से ऊपर फ़िल्मों में नायक का अभिनय किया। इनमें 263 तमिल, 9 तेलुगू, 2 कन्नड़ एवं हिन्दी फ़िल्में थीं। दक्षिण भारत की सभी प्रमुख अभिनेत्रियों भानुमति, सावित्री, पद्मिनी, सरोजा देवी, जानकी, अंजलि देवी, जयललिता के साथ उन्होंने अभिनय किया। ये फ़िल्मी अभिनेत्रियां हिन्दी फ़िल्मों में भी लोकप्रिय हुईं।

अपनी विशिष्ट अभिनय शैली के कारण देश-विदेश में उन्हें पुरस्कृत किया गया। 'वीर पांड्या कट्टाबोमन' फ़िल्म में अभिनय के लिए-मिश्र के राष्ट्रपति कर्नल नासिर ने सन् 1960 में 'कैरो अफ्रो-एशियन फ़िल्म समारोह' में उन्हें सर्वश्रेष्ठ अभिनेता का पुरस्कार दिया। अमरीका के राष्ट्रपति केनेडी ने उन्हें विशेष रूप से आमंत्रित कर अमरीका बुलाया था। सन् 1954 से 64 तक दस वर्षों से उन्हें 16 क्षेत्रीय अवॉर्ड मिले। भारत सरकार ने सन् 1966 में पद्मश्री तथा सन् 1984 में पद्म भूषण से सम्मानित किया। सन् 1983 में वह राज्यसभा के लिए मनोनीत हुए।

'नवरात्रि' उनकी सौंवी फ़िल्म थी। इस फ़िल्म में उन्होंने नौ विभिन्न भूमिकाएं की थीं। यह फ़िल्म हिन्दी में 'नया दिन नई रात' नाम से बनी, जिसके नायक संजीव कुमार ने भी नौ तरह की भूमिकाएं अभिनीत की। शिवाजी की दो सौंवी फ़िल्म "त्रिशूलम्" सुपर हिट रही। इस फ़िल्म से इतनी आय होने लगी थी कि एम.जी.आर. सरकार ने मनोरंजन कर का ढांचा बदलकर मनोरंजन की दरें बढ़ा दी।

21 जुलाई 2001 को उनका निधन हो गया।

कवि प्रदीप
(1997)

प्रदीप का जन्म 6 फरवरी 1915 को बड़नगर (म.प्र.) में हुआ। रामचन्द्र द्विवेदी उर्फ़ प्रदीप ने सन् 1939 में 'कंगन' फ़िल्म से अपना गीत लेखन शुरू किया, जो आगे चलकर राष्ट्रीय कवि के पायदान पर पहुंचे। इससे पूर्व राष्ट्रीय स्तर के कवि सम्मेलनों में कवि प्रदीप की धाक जमने लगी थी और चुनिंदा कवियों में उनकी गिनती होने लगी।

महाकवि निराला ने सन् 1938 में 'नवीन कवि प्रदीप' शीर्षक से माधुरी में एक लेख लिखा, जिसका सार था, 'आज जिन कवियों का प्रकाश हिन्दी में फैला हुआ है, उनमें प्रदीप का प्रकाश अत्यन्त उज्ज्वल और स्निग्ध हैं।' यह लेख 'निराला पत्रावली' में भी संकलित है।

लखनऊ के कवि सम्मेलन में रागिनी में काव्य पाठ करते वक्त उनके सुरों और लेखनी से प्रभावित हुए पत्रकार रविशंकर रावल उन्हें बम्बई ले आए। उस वक्त वह 23 वर्ष के थे। बम्बई की एक काव्य गोष्ठी में फ़िल्म निदेशक एन.आर. आचार्य उपस्थित थे। प्रदीप की ओजस्वी वाणी सुनकर वह इतने प्रभावित हुए कि अपने मित्र और बाम्बे टॉकीज़ के मालिक हिमांशु राय के पास ले आए और उनसे कविता पाठ सुनाने का आग्रह किया। कविताएं सुनकर हिमांशु प्रफुल्लित हुए और तुरंत अपनी फ़िल्मों में गीत लेखन के लिए 200 रुपए प्रतिमाह पर अनुबंधित कर लिया।

फ़िल्म 'कंगन' के लिए प्रदीप ने पहला गीत लिखा, 'हवा तुम धीरे बहो मेरे आते होंगे चितचोर....।' यह गीत अत्यधिक लोकप्रिय हुआ। इस गीत के अलावा तीन गीत और प्रदीप ने लिखे और गाया भी स्वयं प्रदीप ने। अपनी पहली ही फ़िल्म में प्रदीप गीतकार और गायक दोनों रूप में प्रतिष्ठित हो गए। 'कंगन' फ़िल्म ने सिल्वर जुबली मनाई।

देशभक्ति पूर्ण गीतों का सृजन करने में कवि प्रदीप अव्वल रहे।

राष्ट्रीयता से ओत-प्रोत प्रदीप के कुछ गीत इस प्रकार हैं – आज हिमालय की चोटी से फिर हमने ललकारा है (किस्मत), कहनी है इक बात हमें इस देश के पहरेदारों से (तलाक), देदी हमें आजादी बिना खड़ग, बिना ढाल, हम लाए हैं तूफान से कश्ती निकाल के, आओ बच्चो तुम्हें दिखाएं झांकी हिन्दुतान की (तीनों गीत 'जागृति' फ़िल्म के), आज के इंसान को ये क्या हो गया.... आदि।

देशभक्ति के गीतों के साथ ही धार्मिक, पौराणिक और भक्ति गीतों की रचना करके उन्होंने देश में धर्म और आध्यात्म का ध्वज लहराया। सन् 1975 में 'शोले' जैसी सुपर हिट फ़िल्म के मुकाबले में प्रदर्शित 'जय संतोषी मां' फ़िल्म भी सुपर हिट रही। फ़िल्म को हिट बनाने में कवि प्रदीप द्वारा लिखे एवं गाए गीतों का योगदान सर्वाधिक था।

फ़िल्मों में एकमात्र गीतकार कवि प्रदीप ऐसे रहे जिन्हें सन् 1961 में राष्ट्रपति डॉ. राजेन्द्र प्रसाद ने 'राष्ट्रीय कवि' अलंकार से सम्मानित किया। प्रधानमंत्री पं. नेहरू ने भी कवि प्रदीप द्वारा रचित गीत 'आज हिमालय की चोटी से फिर हमको ललकारा है। (किस्मत) का जिक्र अपने संस्मरण में किया था।

सन् 1962 में चीन ने हमारे देश पर आक्रमण किया। हिन्दी-चीनी भाई-भाई नारे से भ्रमित भारत को धोखे से किए गए इस आक्रमण से भारी क्षति उठानी पड़ी। सैनिकों का मनोबल बढ़ाने एवं जनता में जागृति लाने के लिए प्रदीप ने एक गैरफ़िल्मी गीत 'ऐ मेरे वतन के लोगों जरा आंख में भर लो पानी' की रचना की। सी. रामचन्द्र के संगीत निर्देशन में 21 जनवरी, 1963 को दिल्ली के लालकिले की प्राचीर पर सैनिकों की याद में राष्ट्र को समर्पित विशेष कार्यक्रम में जब लता मंगेशकर ने यह गीत गाया तो प्रधानमंत्री पं. नेहरू सहित उपस्थित लगभग सभी विशिष्टजनों की आंखे नम हो गई थीं। गीत समाप्त होने पर पं. नेहरू ने उस गीतकार का नाम पूछा और उससे मिलने की इच्छा व्यक्त की। उस समय प्रदीप अस्वस्थता की वजह से वहां उपस्थित नहीं थे। बम्बई में अपने घर पर ही स्वास्थ्य लाभ ले रहे थे।

हमारे यहां पुरस्कारों की नीति में देर-सबेर का खास ध्यान रखना जरूरी है। गीतकार मजरूह सुल्तानपुरी को कवि प्रदीप से चार वर्ष पूर्व फाल्के सम्मान प्राप्त हो चुका था, जबकि कवि प्रदीप के शारीरिक रूप से अशक्त हो जाने पर उन्हें फाल्के सम्मान से नवाज़ा गया। पुरस्कार ग्रहण करने के वक्त कवि प्रदीप अस्वस्थ और चलने-फिरने में असमर्थ थे। समारोह स्थल पर व्हील चेयर पर उन्हें सम्मान ग्रहण करने के लिए लाया गया।

13 दिसंबर 1996 को उनका निधन हुआ।

उनके निधन पर उनकी अंतिम-यात्रा में कांग्रेस के कई लोग शामिल थे। कवि प्रदीप की बेटी मितुल प्रदेश युवा कांग्रेस की महासचिव थीं। इनके अलावा संगीतकार रवीन्द्र जैन, जानी लीवर, देव मुखर्जी भी थे। प्रदीप की शव-यात्रा में उनका लिखा ही गीत बज रहा था – 'चल अकेला चल अकेला, चल अकेला, तेरा मेला पीछे छूटा...।

बी.आर. चोपड़ा
(1998)

बी.आर. चोपड़ा का जन्म 22 अप्रैल 1914 को लुधियाना (पंजाब) में हुआ। बलदेव राज चोपड़ा (बी.आर.चोपड़ा) ने लाहौर गवर्मेंट कॉलेज से एम.ए. किया। उन्होंने लाहौर से प्रकाशित पत्रिका 'सिने हेराल्ड' का कुछ समय सम्पादन किया। विभाजन त्रासदी पर उन्होंने भारत में रहने की ठानी और बम्बई को अपनी कर्मस्थली बनाया।

कुछ कर गुजरने के लिए उन्होंने फ़िल्म उद्योग को चुना। अपने कुछ साथियों के साथ मिलकर उन्होंने एक फ़िल्म 'करवट' बनाई। फ़िल्म फ्लाप रही। इस फ़िल्म की असफलता ने चोपड़ा का सामान तक बिकवा दिया और भूखा रहने पर मजबूर किया।

'करवट' फ़िल्म की असफलता से उबरने में समय लगा। सन् 1951 में फ़िल्म अफ़साना का निर्देशन किया। फ़िल्म सफ़ल रही। इसके पश्चात् उनकी लगातार दो फ़िल्में 'शोले' और 'चांदनी चौक' सफल रही। तीनों फ़िल्मों की सफलता से उत्साहित होकर बी.आर. चोपड़ा ने अपनी स्वयं की फ़िल्म निर्माण संस्था बी.आर.फिल्म्स स्थापित की। यह संस्था उद्देश्यपूर्ण फ़िल्मों के लिए कटिबद्ध है।

फ़िल्म निर्माण सबंधी समस्याओं से निबटने के लिए 'यूनाइटेड प्रोड्यूसर्स' संस्था बनाने में बी.आर. चोपड़ा की महती भूमिका रही है। भारत की प्रथम टेली फ़िल्में 'धरती-आकाश' तथा 'तेरी-मेरी कहानी' के निर्माता बी.आर. चोपड़ा ही हैं।

छोटे भाई धर्म चोपड़ा और यश चोपड़ा उनके सान्निध्य में ही आगे बढ़े हैं। अब उनका बेटा रवि इस साम्राज्य की कमान संभाले हैं।

चोपड़ा द्वारा निर्मित सभी फ़िल्में उद्देश्यपूर्ण रही थीं – 'एक ही रास्ता', 'नया दौर', 'साधना', 'धूल का फूल', 'कानून', 'धर्म-पुत्र', 'इत्तिफाक',

‘छोटी-सी बात’, ‘पति, पत्नी और वो’, ‘धुंध’, ‘गुमराह’, ‘वक्त’, ‘इंसाफ का तराजू’, ‘निकाह’, ‘हमराज’, ‘आज की आवाज’, ‘बागबां’, ‘बाबुल’ आदि फ़िल्में मनोरंजन के साथ ही कुछ सोचने और सुधरने पर बाध्य करती हैं।

‘अफसाना’ फ़िल्म के निर्माण के दौरान उन्होंने अपने पुत्र रवि की गुल्लक में इकट्ठी की गई जमा पूंजी ख़र्च कर डाली थी।

उनकी फ़िल्म ‘साधना’ का गीत ‘औरत ने जन्म दिया मरदों को’, (साहिर लुधियानवी द्वारा लिखित) अमर गीत बन गया और फ़िल्म इतिहास के सर्वश्रेष्ठ गीत की गणना में आ गया।

चोपड़ा द्वारा निर्मित फ़िल्म ‘नया दौर’ (दिलीप कुमार-वैजयन्ती माला) प्रधानमंत्री पं. नेहरू की पसंदीदा फ़िल्म थी। ‘नया दौर’ की प्रशंसा में पं. नेहरू ने चोपड़ा को निजी पत्र लिखा, जो आज भी चोपड़ा के कमरे की शोभा बढ़ाता है।

‘मुगल-ए-आजम’ फ़िल्म की भांति चोपड़ा की फ़िल्म ‘नया दौर’ भी रंगीन होकर डिजीटल इफ़ेक्ट के साथ गीत-संगीत को संजोए पुनः प्रदर्शित हुई।

टी.वी. धारावाहिक ‘रामायण’ एवं ‘महाभारत’ से टी.वी. रेटिंग का बंफर दौर शुरू हुआ था। ‘महाभारत’ सीरियल चोपड़ा की देन है। इस धारावाहिक की अत्यधिक सफलता से उनको ‘कलियुग का वेदव्यास’ कहा गया। ‘महाभारत’ विदेशों में भी उसी दीवानगी के साथ देखा जाता रहा, जिस आस्था के साथ भारत में देखा गया था। ‘सौदा’ तथा ‘चुनरी’ भी उनके धारावाहिक थे, मगर ‘महाभारत’ से तुलना में क़तई पीछे थे।

सन् 2004 में लोकेशन, 2004 की ओर से आयोजित समारोह में बी.आर. चोपड़ा को ‘जीवन गौरव’ पुरस्कार से सम्मानित किया गया। चोपड़ा का स्वागत खेल मंत्री और फ़िल्म अभिनेता सुनील दत्त ने किया एवं उन्हें ट्राफी प्रदान की। इस अवसर पर शक्ति सामंत, मनमोहन सेट्टी आशुतोष गोवरीकर, अनिल नागरथ एवं किरण शांताराम उपस्थित थे।

चोपड़ा का कथन है, "आज तक मुझे जो प्यार और सम्मान मिला है, उससे मैं अभिभूत हूं। आज मैं जो कुछ भी हूं, फ़िल्मी दुनिया से जुड़े लोगों और लाखों करोड़ों दर्शकों की वजह से हूं।"

5 नवम्बर 2008 को उनका निधन हो गया।

फ़िल्मी सफरनामा बी.आर. चोपड़ा का

बी.आर. चोपड़ा द्वारा निर्मित फ़िल्में –

1. करवट (1948)
2. अफ़साना (1951)
3. शोले (1953)
4. चांदनी चौक (1954)
5. एक ही रास्ता (1956)
6. नया दौर (1957)
7. साधना (1958)
8. धूल का फूल (1959)
9. कानून (1959)
10. धर्मपुत्र (1962)
11. गुमराह (1963)
12. वक़्त (1965)
13. हमराज़ (1967)
14. आदमी और इंसान (1969)
15. इत्तिफाक (1969)
16. दास्तान (1972)
17. धुंघ (1973)

18. ज़मीर (1975)
19. छोटी-सी बात (1975)
20. कर्म (1977)
21. पति-पत्नी और वो (1978)
22. द बर्निंग ट्रेन (1980)
23. इंसाफ का तराजू (1980)
24. अग्नि परीक्षा (1981)
25. निकाह (1982)
26. मज़दूर (1983)
27. आज की आवाज़ (1984)
28. किरायेदार (1986)
29. तवायफ़ (1986)
30. दहलीज़ (1986)
31. अवाम (1987)
32. प्रतिज्ञाबद्ध (1991)
33. कल की आवाज़ (1992)

बी.आर. चोपड़ा द्वारा निर्मित प्रमुख दूरदर्शन धारावाहिक –

- महाभारत
- बहादुरशाह जफ़र
- चुन्नी
- सौदा
- क़ानून

- झांसी की रानी
- बेटा
- औरत
- मैं दिल्ली हूं

धारावाहिक 'महाभारत' ने तो इतिहास ही रच दिया।

ऋषिकेश मुखर्जी
(1999)

ऋषिकेश मुखर्जी का जन्म 30 सितम्बर 1922 में हुआ। स्नातक तक शिक्षा ग्रहण करके मुखर्जी आकाशवाणी से जुड़े। यहां अभिव्यक्ति की वर्जनाओं में बंधे रहने के कारण उन्हें घुटन सी होने लगी, तो वे आकाशवाणी की सेवाएं छोड़कर 'न्यू थियेटर्स' में आ गए। यहां फ़िल्मी लोगों के सम्पर्क में आने के साथ ही फ़िल्म सम्पादन में अच्छी जानकारी हासिल की। 'न्यू थियेटर्स' में उनके साथ फ़िल्म निर्माता-निर्देशक विमलराय भी थे। ऋषि ने 8 वर्षों तक 'न्यू थियेटर्स' में अपनी सेवाएं दीं। अपना स्वतंत्र अस्तित्व बनाए रखने के लिए ऋषि दा न्यू थियेटर्स से अलग हो गए। विमलराय भी 'न्यू थियेटर्स' छोड़ चुके थे।

ऋषिकेश ने कई फ़िल्मों की पटकथा व संवाद लेखन किया, तो कुछ फ़िल्मों का निर्देशन भी किया। 'जमीन', 'गंगा', 'मां-बेटी' तथा 'दो बीघा ज़मीन' फ़िल्मों का सम्पादन किया। ऋषि दा ने सर्वप्रथम 'मुरलीधर' (1957) फ़िल्म निर्मित की। टी.वी. के लिए भी उन्होंने कुछ सीरियल बनाए।

साफ-सुथरी, प्रेरक और मन को छू लेने वाली तथा मनोरंजक फ़िल्में बनाने में वह अग्रणी रहे। 'आशीर्वाद' (1968), 'सत्यकाम' (1969), एवं 'आनन्द' (1970) फ़िल्मों को वर्ष की सर्वश्रेष्ठ फ़िल्मों के पुरस्कार मिले। इस प्रकार पुरस्कारों की हैट्रिक बनाने वाले फ़िल्मकार के बतौर मशहूर हुए।

ऋषि दा के पात्र आपस में जल्दी ही आत्मीय संबंध बना लेते थे। उनकी फ़िल्मों के खलनायक भी सहृदय होते थे, जैसा कि फ़िल्म 'मेम दीदी' का खलनायक था। उनकी प्रारंभिक फ़िल्म 'मुसाफिर' एक प्रयोगवादी फ़िल्म थी।

उनकी प्रमुख फ़िल्में 'अ' अक्षर से शुरू होती थी, और वे सफल फ़िल्मों में गिनी गईं, जैसे अनाड़ी, अर्जुन पंडित, अनुराधा, असली-नकली, आशिक, आलाप, अभिमान, आशीर्वाद आदि। उनकी अन्य सफल फ़िल्में हैं : मेम दीदी, सांझ और सबेरा, बावर्ची, मिली, चुपके-चुपके, गोलमाल, खूबसूरत, नमकहराम, गुड्डी, जुर्माना, बुढ्ढा मिल गया, आदि।

ऋषि दा की फ़िल्मों में अमिताभ बच्चन को हास्य एवं भावपूर्ण भूमिका निभाने की एक नई दिशा और सोच मिली। हास्य में 'चुपके-चुपके' फ़िल्म अमिताभ की बेहतरीन फ़िल्मों में गिनी जाती हैं, तो गंभीर एवं भावपूर्ण में फ़िल्म 'आनन्द'। 'गुड्डी' फ़िल्म (1971) से जया भादुड़ी को पहचान मिली और आगे की फ़िल्मों में सफलता के रास्ते प्रशस्त हुए।

इनका निधन 27 अगस्त 2006 को मुबई में हुआ।

आशा भोसले

(2000)

आशा ने पहली बार अपने भाई हृदयनाथ मंगेशकर और बहनों लता, मीना व उषा के साथ मराठी फ़िल्म 'मांझ बाल' में दत्ता डावजेकर के संगीत निर्देशन में, 'चला चला नौ बाला.....' गाना गाया। हिन्दी फ़िल्मों में आशा को बसंत देसाई (संगीतकार) ने फ़िल्म 'अंधों की दुनिया' का गाना 'गरीबों के दाता गरीबों के वाली' जोहराबाई अम्बालावाली के साथ गाने का मौका दिया। एकल और स्वतंत्र रूप में आशा ने 'चुनरिया' (1948) फ़िल्म में गाना गाया। यहीं से उनकी स्वतंत्र गायन की यात्रा शुरू हुई।

आशा ने एक मराठी फ़िल्म 'मांझ बालज' में बाल कलाकार के रूप में अभिनय भी किया। दो हिन्दी फ़िल्मों क्रमशः बड़ी मां (1945) तथा, टैक्सी टैक्सी' (1977) में अभिनय भी किया।

सन् 2006 में एक साक्षात्कार में अच्छे गानों के बारे में आशा ने कहा, "आज के हिन्दी गानों में बहुत ज़्यादा धूम-धड़ाका चल रहा है, पर यह दौर भी निकल जाएगा। ए.आर.रहमान के, 'दिल है छोटा-सा छोटी-सी आशा...' (रोज़ा) को याद कीजिए, मन को कैसे छू जाता है या फिर 'रंग दे रंग दे...' (तक्षक) जैसे गाने पर। 'मुझसे शादी करोगी' या 'खल्लास' जैसे गाने किसी घर की बहू-बेटी अकेले में अनमने मन से गा सकती है। ये सारे गाने सिर्फ़ बैठकर देखने लायक होते है।

गायकों में आशा को उदित नारायण होनहार गायक लगते हैं। इधर के गानों पर चर्चा चलने पर आशा कहती हैं, "आज के गाने सुनने का मौका कम ही मिलता है। रिकार्डिंग या परिवार को लेकर व्यस्त रहती हूं। मेरे चार साल के जुड़वां नातियों को संभालने में ही ज़्यादा वक़्त ख़र्च हो जाता है। रिकॉर्ड सुनकर दोनों गाते हैं, 'अभी न जाओ छोड़ के कि दिल अभी भरा नहीं....' तब समझ पाती हूं कि ये सारे गानें कितने कालजयी थे।

रीमिक्स के बारे में आशा का कहना हैं, “जो लोग रीमिक्स गा रहे हैं, पहले तो उन लोगों को वे गाने अच्छी तरह समझ लेने चाहिए। उनका म्यूज़िक वीडियो को लेकर होता है, न कि अपने गाने की गुणवत्ता को लेकर। चिंदीनुमा कपड़ों में अपने गानों को उनके जरिये बर्बाद होता देखना असहनीय लगता है। जब ये गाने टी.वी. पर आते हैं, तो मैं छोटे बच्चों को दूसरे कमरे में भेज देती हूं। उन्हें समझ में नहीं आता कि उनके इस काम का कच्चे दिमागों पर क्या असर पड़ता होगा। वो गंदी-गंदी चीजें हैं।”

घर-परिवार के बारे में आशा का कहना है, “मैंने हमेशा अपने बच्चों और अपने संगीत को प्राथमिकता दी है। इसके अलावा कभी कुछ सोचा ही नहीं। मैंने पेशेवर तरीके से गाया, ताकि अपने बच्चों को ऊंची तालीम दिला सकूं। अब मैं अपने लिए गाती हूं, अपनी खुशी के लिए। अब मेरे सारे बच्चे अच्छी तरह बस चुके हैं। मेरा छोटा बेटा आनंद तो एक उद्यमी बन गया है। दुनिया-भर में हमारी रेस्तरां की श्रृंखला है। अब गाना मेरा जीवन है। मेरा एक बेटा हेमंत संगीतकार बन गया है। उसने दीदी, रफ़ी, मन्ना डे सबसे गवाया, फ़िर उसने संगीत छोड़ दिया।

ईश्वर के प्रति आशा की गहरी श्रद्धा है। आशा का मानना है कि जब भगवान आपके जीते जी सारी चीजें दे देता है, तो आप असली सौभाग्यशाली होते हैं। उम्र के ढलते पड़ाव में भगवान ने मुझे सब कुछ दिया है। पहले मुझे सताया, आज सब कुछ दिया।

फ़िल्मी गायन के अलावा समय-समय पर आशा के गैर फ़िल्मी एलबम भी जारी हुए हैं, जिनमें ‘दिल पड़ोसी है, ‘आशा’, ‘जानम समझा करो’, ‘मीराज ए गज़ल’ प्रमुख’ हैं।

आशा की यह विशेषता रही है कि उसने गायिकी की तमाम विधाओं को अपनाया और उनकी प्रस्तुति भी मनभावन रही। भावुक गीत हो, लोरी हो, ग़ज़ल, कव्वाली, रोमांटिक गीत हो या कैबरे के क्लबों में बजने वाले आधुनिक धूम-धड़ाकों के गीत हों, आशा ने विविधताओं में ढलते हुए

सहजता से उनकी प्रस्तुति दी है। कड़ी मेहनत और संगीत के प्रति लगाव से आशा ने फ़िल्म जगत में अपना महत्वपूर्ण स्थान बनाया है।

संगीत क्षेत्र में आशा को आगे बढ़ाने में संगीतकार ओंकार प्रसाद नैयर (ओ.पी. नैयर) का प्रमुख योगदान रहा है। अपने प्रारम्भिक जीवन में पारिवारिक स्तर पर आशा व्यथित रहीं। तेरह साल के वैवाहिक जीवन में कटुता आ गई थी, फलस्वरूप दो छोटे बच्चों और एक पेट में पल रहे बच्चे के साथ आशा ने गणपत का घर हमेशा के लिए त्याग दिया एवं गृहस्थी की दूसरी पारी अदम्य साहस के साथ शुरू की ।

पति होते हुए भी पतिविहीन अकेली औरत का समाज में डटे और बने रहना एक दुष्कर कार्य है। असामाजिक एवं नारी लोलुप व्यक्तियों की खीज और हताशा कई प्रकार के दोषों को मढ़ने के साथ मुखरित होती है। आशा जी इन दोषों और व्यंग्य बाणों से घायल हुईं। ऐसे लोगों ने कहीं दोष नज़र नहीं आए, तो 'गानों' में ही दोष निकालने शुरू कर दिए। कुछ लोगों ने कटाक्ष किया, "इसकी आवाज़ नशीली और मादकता से भरी है", तो कुछ ने कहा कि "कोई लगाम कसने वाला नहीं है, तभी तो होटलों-क्लबों के मादक गीत और इसी अनुरूप कैबरे को प्रोत्साहित करने वाले गीतों को प्रमुखता देती हैं।"

अपनी मुसीबतों के बारे में आशा बताती हैं, "मेरा ख्याल है, हर औरत के जीवन में इस प्रकार के उतार-चढ़ाव आते हैं, और उस वक्त अगर औरत ढीली पड़ जाए, तो लोग उसका ज़्यादा से ज़्यादा फ़ायदा उठाना चाहते हैं। मेरी सख़्ती से मतलब परस्त लोग मुझसे चिढ़ गए, मगर मैंने किसी की परवाह नहीं की। इससे एक तरह की आसानी हो गई। सच में, अकेले ज़िन्दा रहना बड़ा मुश्किल है, लेकिन यह सब तो जिन्दगी में होता ही है।"

लता से आशा की तुलना करने पर आशा कहती हैं, "दीदी की तरह गाना गाने के लिए मुझे संघर्ष की ज़रूरत नहीं पड़ती। आवाज़ भी एक विरासत होती है। परिवार की तरफ़ से भी मिल सकती है, भगवान की

तरफ़ से भी। मेरी तुलना किसी अन्य के गाने से करना मेरा अपना वजूद हलका करना और नकलची श्रेणी में लाना है।"

सन् 2001 तक आशा भोसले लगभग 12 हजार गाने गा चुकी थीं। सबसे ज्यादा 852 गाने उन्होंने संगीतकार राहुल देव बर्मन के साथ गाए। वह लक्ष्मीकांत-प्यारे लाल की धुनों पर 485 गाने, ओ.पी. नैयर की धुनो पर 317 गाने और कल्याण जी-आनन्द जी की धुनों पर 297 गाने गा चुकी।

संगीतकारों की भांति गीतकार आनन्द बख़्शी के लिखे 668 गाने मजरूह सुल्तानपुरी के लिखे 556 गाने, राजेन्द्र कृष्ण के लिखे 380 गाने, इन्दीवर के लिखे 376 गाने और अनजान के लिखे 346 गानों को अपना स्वर दे चुकी हैं।

आशा भोंसले का जन्म 8 सितम्बर 1933 को सांगली (महाराष्ट्र) में हुआ था। अपनी बड़ी बहन लता की भांति विरासत में संगीत की गूंज मिली। सन् 1948 से 'चुनरिया' फ़िल्म से शुरू हुई आशा की गायन यात्रा आज भी बरकरार है। लता की भांति आशा ने भी गायन क्षेत्र में अपनी एक अलग पहचान बनाई और असंख्य श्रोताओं की पसंदीदा गायिका बनीं। संगीतकार ओंकार प्रसाद नैयर (ओ.पी.नैयर) के सान्निध्य में आशा ने संगीत की मंज़िलों पर चढ़ना शुरू किया और एक गौरव पूर्ण मुकाम हासिल किया। आगे तो सभी संगीतकारों की चहेती बनीं।

14 वर्ष की उम्र में आशा की शादी अपने से 20 साल बड़े लता के सेक्रेट्री गणपतराय भोंसले से हुई। आशा के तीन संतानें हुईं, मगर वैवाहिक जीवन सफल न रहा। पति से बार-बार मिली प्रताड़ना और उपेक्षा के चलते अपने तीन बच्चों को साथ लेकर पति का घर हमेशा के लिए त्याग दिया। बड़ी मुश्किलों और संघर्षों के पश्चात् एकाकी जीवन शुरू किया। पति की मृत्यु के काफ़ी समय पश्चात् आशा ने संगीतकार राहुल देव बर्मन (आर.डी.बर्मन) को अपना जीवन साथी बनाया।

'चुनरिया' फ़िल्म के पश्चात् 'फुटपाथ' और 'नया दौर' फ़िल्में आई,

जिनमें आशा की गायिकी लोकप्रिय बन पाई।'नया दौर' (1957) न केवल हिट रही, बल्कि आशा की गायिकी भी हिट रही। इस फ़िल्म के गाने उस समय सभी की ज़बान पर थे। खुद को बड़ी बहन लता से और दूसरों से अलग स्थापित करने और अपनी एक अलग पहचान बनाने के लिए आशा ने गानों पर अधिक मेहनत करना शुरू कर दिया।

यही कारण है कि पचास के दशक में 'इना मीना डीका', सत्तर के दशक में 'पिया तू अब तो आजा' तथा 'दम मारो दम', अस्सी के दशक में 'दिल चीज़ क्या है आप मेरी जान लीजिए', नब्बे के दशक में 'याई रे याई रे जोर लगा के नाचो रे' जैसे गीतों में गायिकी के अलग-अलग रंग और अंदाज पेश किए।

अपनी लड़की वर्षा के कहने पर 'कशिश' नाम से एक कैसेट जारी किया, जिसमें नूरजहां की गाई ग़ज़लें खुद के स्वरों में पेश की थीं।

अपने शुरुआती गायन के दौर में आशा ने कहा था, "जीवन चलाने के लिए पैसा चाहिए। पैसा चाहे सब कुछ न हो, लेकिन बहुत कुछ होता है। मुझे पता था, मेरे बच्चों का पेट मेरा गाना सुनकर नहीं भरेगा। उन्हें रोटी चाहिए। गाना मेरा जीवन होते हुए भी मैंने उसे पेट के लिए की जा रही मेहनत की तरह लिया।"

सच ही है, सच्चे मन से की जा रही मेहनत अवश्य ही रंग लाती है। आज आशा आधुनिक गाने गाती हैं, युवाजनों के गाने गाती हैं, कोई मर्मज्ञ संगीतकार मिल जाए, तो पुरानी तर्ज के मिठास भरे गीत गाने की भी तमन्ना रखती हैं।

आशा के अनुसार, "मेरी एक इच्छा अभी अधूरी है। वह यह कि जो मैं गा रही हूं, उससे भी अच्छा गाऊं और क्लासिक गाना गाऊं। लाइट तो बहुत हो गया। इसके साथ ही मैं ज़्यादा से ज़्यादा जबानों में गाऊं। अपने देश की और बाहर की जबानों में गाऊं। दुनिया की हर खूबसूरत भाषा में गाऊं।"

कुछ वर्ष पूर्व संगीतकार खैयाम के साथ आशा का एक एलबम

जारी हुआ। संगीतकार ख़ैयाम का कहना था, "मैंने लगभग 50 साल पहले आशा के साथ पहली बार गाना रेकॉर्ड किया। कहना पड़ेगा, 68 साल की उम्र में भी आशा की आवाज़ में वही जादू और ताज़गी है, जो 50 साल पहले थी।"

इस एलबम से कुछ समय पहले आशा ने पश्चिम के मशहूर पॉप ग्रुप बैक स्ट्रीट ब्वॉयज के साथ गाना गाया था। ब्वॉयज के अलावा भी ब्वॉयज जार्ज एवं कोडरेड जैसे पश्चिमी पाप गायकों के साथ आशा ने एलबम बनाया था। अदनान सामी के साथ भी एलबम बनाकर सामी को आगे बढ़ाया।

आशा के गाए गीतों 'दिल चीज क्या है' (उमराव जान), 'मेरा कुछ सामां' (इजाज़त) को राष्ट्रीय पुरस्कार एवं 'गरीबों की सुनो' (दस लाख), 'पर्दे में रहने दो' (शिकारी), 'पिया तू अब तो आजा' (कारवां), 'दम मारो दम' (हरे रामा हरे कृष्णा), 'होने लगी है रात' (नैना), 'चैन से हमको' (प्राण जाए पर वचन न जाए) तथा 'ये मेरा दिल यार का दीवाना' (डॉन) को फ़िल्म फेयर अवॉर्ड एवं तन्हा-तन्हा (रंगीला) को विशेष पुरस्कार मिले हैं।

आशा ने अलग-अलग भारतीय भाषाओं में 12 हज़ार से ऊपर गाने गाए हैं।

आशा को अनगिनत पुरस्कार मिले हैं। कक्षा चार तक पढ़ी आशा को अमरावती विद्यापीठ ने डॉक्टरेट की उपाधि प्रदान की।

80 वर्ष की अवस्था में एक बार फिर से आशा ने 2013 में आई फिल्म 'माई' में अभिनय किया।

वर्ष 2001 में फाल्के पुरस्कार प्राप्त करने के पश्चात् आशा ने उलाहने पूर्ण शब्दों में कहा, "यह पुरस्कार उन्हें बड़ी देरी से दिया जा रहा है। कुछ वर्षों पूर्व उन्हें यह सम्मान प्राप्त होता, तो ज्यादा खुशी और ज्यादा जोश होता।"

यश चोपड़ा
(2001)

यश चोपड़ा का जन्म 27 दिसम्बर, 1932 को जालंधर में हुआ। फ़िल्मी माहौल में परवरिश हुई, फिर भी शिक्षा को प्राथमिकता दी। शिक्षा का महत्व बड़ी कंपनियों या कॉरपोरेट जगत में ही नहीं फ़िल्मों में भी है। स्नातक करने के पश्चात अपने बड़े भाई फ़िल्म निर्माता बी.आर. चोपड़ा (बलदेव राज चोपड़ा) की तरह पत्रकारिता में अपना स्थान बनाया। पत्रकारिता में फ़िल्मी पत्रकारिता प्रमुख थी। पत्रकारिता के साथ-साथ बड़े भाई बी.आर के पास रहकर फ़िल्म निर्माण की विविधताओं का भी अध्ययन किया। बी.आर. की फ़िल्म 'शोले' (1953) से एक प्रशिक्षणार्थी के रूप में यश का फ़िल्मी कॅरियर शुरू हुआ। फ़िल्म 'चांदनी चौक' (1954) से वे सहनिर्देशक तथा अपने वक्त की सफल और चर्चित फ़िल्मों 'एक ही रास्ता', 'साधना', 'नया दौर' तक पहुंच कर वह बी. आर. के मुख्य सहायक निदेशक बन गए।

छोटे भाई यश की लगन और क्षमता को देखकर बी.आर. ने उन्हें 'धूल का फूल' में स्वतंत्र निर्देशन का अवसर दिया। राजेन्द्र कुमार और माला सिन्हा के मुख्य रोल से सजी फ़िल्म 'धूल का फूल' ने बेहद कामयाबी हासिल की। फ़िल्म का गीत-संगीत भी बुलदियों पर रहा और मंजा हुआ निर्देशन भी। 'तेरे प्यार का आसरा चाहता हूं,' 'तू मेरे प्यार का फूल है', 'तू हिन्दू बनेगा न मुसलमान बनेगा' जैसे साहिर के गीतों से सजी यह फ़िल्म सुपर हिट रही। अपनी पहली ही फ़िल्म की अपार सफलता से यश ने फ़िल्म जगत में अपना एक विशेष स्थान बना लिया और साठ के दशक में बॉक्स ऑफ़िस पर धूम मचाने वाले फ़िल्मकार हो गए।

अपनी फ़िल्मों पर यश खूब मेहनत करते हैं और फ़िल्मों की संख्या बढ़ाने के बजाय फ़िल्मों की गुणवत्ता पर ज़्यादा ध्यान देते हैं। यही वजह है कि लगभग दो साल में एक फ़िल्म का निर्माण करते हैं।

यश का बेटा आदित्य भी कार्य क्षमता में उनसे कम नहीं है। आदित्य चोपड़ा की फ़िल्म 'दिल वाले दुल्हनिया ले जाएंगे,' बड़जात्या बंधुओं की 'हम आपके हैं कौन' की रिकॉर्ड तोड़ सफलता से किसी भी मायने में कम नहीं हैं। बाप बेटे ने मिलकर यह साबित कर दिखाया कि मेहनत और कथानक की कसावट से फ़िल्म को गति दी जा सकती है।

यश को संगीत की अच्छी पहचान है। समीक्षकों के अनुसार हीरोइनें उनकी फ़िल्मों में आकर ऊंचाइयों को नापने लग जाती हैं जैसा 'सिलसिला' के बाद रेखा, 'चांदनी' के बाद श्रीदेवी और 'डर' के बाद जूही चावला।

यश ने लता मंगेशकर और फ़ाइनेंसर भरत शाह के साथ मिलकर एक सॉफ्टवेयर कंपनी खोली, मगर भरतशाह के अंडर वर्ल्ड (माफ़िया) से संबंध उजागर होने पर वह कंपनी समाप्त हो गई।

यश की प्रमुख, प्रशंसनीय और सुपर हिट फ़िल्में हैं- 'वक्त', 'इत्तिफ़ाक', 'दीवार', 'त्रिशूल', 'दाग', 'कभी-कभी', 'चांदनी,' 'लम्हे,' 'डर', 'दिल तो पागल है' आदि। 'वक्त' फ़िल्म से नामी सितारों को एक ही फ़िल्म में इकट्ठा करने की शुरुआत की। 'दीवार' फ़िल्म से अमिताभ बच्चन, 'बिग बी और मेगा स्टार' नामों से प्रसिद्ध हुए।

यश चोपड़ा की प्रशंसनीय, अनुकरणीय और क़ाबिले तारीफ होने की एक बात का ज़िक्र करना जरूरी होगा।

फ़िल्मों के पितामह फाल्के की विवाहिता वयोवृद्ध पुत्री श्रीमती वृंदा पुलसकर, जो गरीबी की स्थिति में मुंबई की एक चाल में रहती थी, उनकी दयनीय स्थिति के बारे में यश चोपड़ा को जानकारी मिली। यश ने फाल्के पुरस्कार के रूप में मिली दो लाख रुपयों की राशि वृंदा पुलसकर को भेंट करके एक मानवीय कार्य किया।

5 नवंबर 2011 को वे चल बसे।

देव आनंद

(2002)

15. मधुबाला (1950)
16. नीली (1950)
17. खेल (1950)
18. अफ़सर (1950)
19. स्टेज (1951)
20. दो सितारे (1951)
21. बाजी (1951)
22. नादान (1951)
23. सजा (1951)
24. सनम (1951)
25. आराम (1951)
26. जाल (1952)
27. जलजला (1952)
28. तमाशा (1952)
29. आंधियां (1952)
30. हमसफर (1953)
31. राही (1953)
32. पतिता (1953)
33. अरमान (1953)
34. टैक्सी ड्राइवर (1954)
35. बादबान (1954)
36. किश्ती (1954)
37. फरार (1955)
38. हाउस नं. 44 (1955)

39. मिलाप (1955)

40. मुनीमजी (1955)

41. इंसानियत (1955)

42. फंटूश (1956)

43. सी.आई.डी. (1956)

44. पाकिटमार (1956)

45. दुश्मन (1957)

46. नौ दो ग्यारह (1957)

47. बारिश (1957)

48. काला पानी (1957)

49. पेइंग गेस्ट (1957)

50. अमरदीप (1958)

51. सोलहवां साल (1958)

52. लव मैरिज (1959)

53. काला बाज़ार (1960)

54. जाली नोट (1960)

55. मंजिल (1960)

56. बंबई का बाबू (1960)

56. एक के बाद एक (1960)

57. सरहद (1960)

58. माया (1961)

59. जब प्यार किसी से होता है (1961)

60. रूप की रानी चोरों का राजा (1961)

61. हम दोनों (1961)

62. बात एक रात की (1962)

63. असली नक़ली (1962)

64. तेरे घर के सामने (1963)

65. किनारे-किनारे (1963)

66. शराबी (1964)

67. तीन देवियां (1965)

68. गाइड (1965)

69. प्यार-मोहब्बत (1966)

70. ज्वैल थीफ़ (1967)

71. कहीं और चल (1968)

72. दुनिया (1968)

73. महल (1969)

74. जानी मेरा नाम (1970)

75. प्रेम पुजारी (1971)

76. हरे रामा हरे कृष्णा (1972)

77. शरीफ़ बदमाश (1974)

78. हीरा-पन्ना (1974)

79. इश्क़ इश्क़ इश्क़ (1975)

80. जानेमन (1976)

81. देश-परदेश (1978)

82. लूटमार (1980)

83. स्वामी दादा (1982)

84. आनंद और आनंद (1984)

85. हम नौजवान (1986)

86. सच्चे का बोलबाला (1989)
87. अव्वल नम्बर (1990)
88. सौ करोड़ (1991)
89. प्यार का तराना (1993)
90. गैंगस्टर (1995)
91. मैं सोलह वर्ष की (1998)
92. सेंसर (2001)
93. लव एट टाइम्स स्क्वायर (2003)
94. मिस्टर प्राइम मिनिस्टर (2008)

देव आनंद का जन्म 26 दिसम्बर 1923 को गुरदासपुर (पंजाब) में हुआ। अंग्रेज़ी साहित्य में स्नातक धर्मदेव आनंद एक्टर बनने के सपने देखा करते थे। उन सपनों को अंजाम देने सन् 1943 में वे बम्बई चले आए। बड़े भाई चेतन आनंद जो दून स्कूल के अध्यापक थे, वह भी बम्बई आ गए। चेतन 'इप्टा' से जुड़ गए और धर्मदेव 165 रुपए मासिक वेतन पर सैनिक डाक सेवा के सेंसर विभाग में नियुक्त हुए। वहां पर सैनिकों की डाक खोलना और ख़तों को पढ़ने का मुख्य कार्य था। एक वर्ष तक सेंसर क्लर्क के पद पर काम करने के बाद एक जैसी दिनचर्या से ऊब गए। उन्हीं दिनों उन्हें नाटकों में अभिनय करने का निमंत्रण मिलने लगा।

धर्मदेव के शब्दों में, "सेंसर दफ्तर में नौकरी करने से उन्होंने समय की पाबंदी सीखी और हमेशा सैर पर जाना भी। इसके अ़लावा सबसे बड़ी उपलब्धि रही अनुशासित रहना। बाद में जब देव आनंद होकर मैंने अपनी फ़िल्में बनानी शुरू की, तो अपने सितारों और यूनिट के सदस्यों पर समय का पाबंद रहने के लिए ज़ोर डाला। सैनिकों के निजी पत्र पढ़कर मुझे मिलिट्री के लोगों की मनः स्थिति का अध्ययन करने का मौका मिला। उस अध्ययन को उस गहराई को मैंने फ़िल्म 'हम दोनों' में प्रस्तुत किया।

सन् 1946 में पुणे में प्रभात स्टूडियो की फ़िल्म 'हम एक हैं' के स्क्रीन-टेस्ट में वह सफल हुए और नायक की भूमिका के लिए चुने गए। 'हम एक हैं' की लागत 10 लाख रुपए प्रचारित की गई, जो उस समय बहुत बड़ी राशि थी। फ़िल्म सफल रही। उनकी अगली फ़िल्म 'जिद्दी' (1948) थी। इस फ़िल्म में खेमचन्द प्रकाश का संगीत था। किशोर कुमार ने इसी फ़िल्म में अपना पहला गीत गाया। फ़िल्म और संगीत खूब चला। इसके बाद 'विद्या' (1948) फ़िल्म में उनकी नायिका बनी गायिका सुरैया। सुरैया के साथ देव की जोड़ी लोकप्रिय हुई और कई फ़िल्मों में यह रोमांटिक जोड़ी दर्शकों का मनोरंजन करती रही। सन् 1950 में उन्होंने अपने फ़िल्मी बैनर 'नवकेतन' की स्थापना की। नवकेतन की पहली फ़िल्म 'अफसर' में भी उनकी नायिका सुरैया थी। इस फ़िल्म में संगीत दिया था सचिन देव बर्मन ने। आगे चलकर सचिन देव एवं गायक किशोर कुमार देव आंनद की फ़िल्मों का एक अहम हिस्सा बन गए।

देव-सुरैया वास्तविक जीवन में भी जोड़ी बनना चाहते थे, मगर शादी में मज़हब आड़े आ गया। नतीजन इस जोड़ी में दूरियां बढ़ती चली गईं और सन् 1951 में प्रदर्शित फ़िल्म 'सनम' के पश्चात् उनकी जोड़ी टूट गई। सन् 1954 में देव की फ़िल्म 'टैक्सी ड्राइवर' आई, जिसमें हीरोइन थीं कल्पना कार्तिक। इस फ़िल्म का गीत "जाएं तो जाएं कहां, समझेगा कौन यहां, दर्द भरे दिल की जुबां", खूब चला था। सुरैया से व्यथित देव को कल्पना ने राहत दी। फलस्वरूप देव ने कल्पना कार्तिक से शादी कर ली। 'टैक्सी ड्राइवर' के पश्चात् वे दोनों 'बाजी', 'नौजवान', 'आंधियां', फ़िल्मों में आए। ये सभी फ़िल्में सफल रहीं।

देव के अभिनय को लेकर समीक्षक उन्हें रूमानी नायक की छवि निभाने में महारथ हासिल करने वाला कलाकार बताते हैं। देव के अभिनय के बारे में अभिनेत्री नूतन ने कहा था, "देव एक तकनीक से काम करने वाले कलाकार हैं।" अभिनय के बारे में देव का कहना है, "किसी भी एक्टर को अपने आपको अत्यधिक ग्लैमर्स प्रोजेक्ट करना ज़रूरी होता है और इसके लिए कैमरा मूवमेंट, लाइट्स एंगल्स वग़ैरह का ध्यान रखना

चाहिए। इन सबके सम्मिश्रण को तकनीक या अन्य कोई नाम दिया जा सकता है।"

देव ने लम्बे समय तक अपनी उम्र को अपने व्यक्तित्व पर हावी नहीं होने दिया और छैल-छबीले युवक की भूमिका निभाते रहे। 80 वर्ष से ऊपर की उम्र में भी देव चुस्ती और फुर्ती से सरोबर विश्व के एकमात्र कलाकार हैं। उम्र के 83वें पड़ाव पर 'मिस्टर प्राइम मिनिस्टर' उनकी फ़िल्म प्रदर्शित हुई तथा अगली फ़िल्म के निर्माण में जुट भी गए हैं।

सन् 2001 में 'पद्मभूषण' से अलंकृत हुए।

'नवकेतन' के बैनर तले बनी उनकी कई फ़िल्में सफलतम रहीं। जिनमें 'हरे रामा हरे कृष्णा' एवं 'गाइड' फ़िल्में अत्यधिक सफल रहीं। देश की गिनी-चुनी सर्वोत्तम फ़िल्मों में 'गाइड' सम्मिलित हैं।

देव की अन्य सफल फ़िल्में हैं – 'जाल' (1952), 'मुनीमजी' (1955), 'सी.आई.डी.' (1956), 'पेइंगगेस्ट' (1957), 'अमरदीप', 'काला पानी', 'सोलहवां साल' (1958), 'हम दोनों', 'रूप की रानी चोरों का राजा' (1961), 'तेरे घर के सामने' (1963), 'तीन देवियां' (1965), 'ज्वैलथीफ' (1967), 'प्रेम पुजारी, 'जॉनी मेरा नाम' (1970)। फ़िल्म 'बात एक रात की' भी सफल फ़िल्म थी। इन सफल और सफलतम फ़िल्मों के पश्चात् आईं उनकी फ़िल्में सामान्य फ़िल्मों की श्रेणी में रहीं, जैसे 'छुपा रुस्तम' 'जोशीला', 'हीरा पन्ना', 'शरीफ बदमाश', 'देश-परदेश', 'स्वामी दादा', 'हम नौजवान', 'अव्वल', 'सौ करोड़'।

नए चेहरों को प्रस्तुत करने में देव आगे रहे। जीवन के अंतिम वर्षों में भी वह सक्रिय रहे।

3 दिसंबर 2011 को लंदन में उनका निधन हो गया। भारत में उनका अंतिम संस्कार हुआ।

मृणाल सेन

(2003)

मृणाल सेन का जन्म 14 मई 1923 फ़रीदपुर (पूर्वी बंगाल, अब बंगला देश) में हुआ। कलकत्ता से बी.एससी. करने के बाद उन्होंने एक फ़िल्म स्टूडियो में साउंड रिकार्डिस्ट का काम किया। फ़िल्म निर्माण संबंधी साहित्य का भी अध्ययन किया। रूडाल्फ अर्नहीम की पुस्तक 'फ़िल्म' ने उन्हें फ़िल्म निर्माण की प्रेरणा दी।

निर्माता-निर्देशक मृणाल की पहली फ़िल्म 'रात भोरे' (1956) थी। यह बंगाली में थी। सन् 1969 में निर्मित 'भुवन शोम' को अन्तरराष्ट्रीय ख्याति मिली। सेन की यह फ़िल्म पुरस्कृत हुई। 'भुवन शोम' से ही हिन्दी में समानान्तर सिनेमा का आरम्भ हुआ। इस फ़िल्म के कलाकार उत्पल दत्त और सुहासिनी मुले ने हिन्दी फ़िल्मों में भी अभिनय किया। उत्पल दत्त काफी सफल रहे।

सेन ने 'मृगया' फ़िल्म में मिथुन चक्रवर्ती को मौका दिया। इस पहली फ़िल्म में ही मिथुन को अभिनय का राष्ट्रीय पुरस्कार मिला। मृणाल की फ़िल्मों का लेखा-जोखा इस प्रकार हैं- 'रात भोरे' (1956), 'नील आकाशेर नीचे' (1958), 'बैरोय श्रावण' (1960), पुनश्चयः' (1961), 'अवशेष' (1962), 'प्रतिनिधि' (1964), 'आकाश कुसुम' (1965), 'माटिर मनीषा' (1966), 'भुवन शोम' (1969 हिन्दी में भी), 'इंटरव्यू' (1970), 'एक अधूरी कहानी' (1971-हिन्दी में), 'कलकत्ता-71' (1972), 'पदातिक (1973), 'कोरस' (1974), 'मृगया' (1976-हिन्दी में), 'ओकाओरीकथा' (1976-तेलगु में), 'परशुराम' (1978), 'एक दिन प्रतिदिन' (1979), 'आंकालेर संधाने' (1980), 'चलचित्र' (1981), 'खारिज' (1982) खंडहर (1983-हिन्दी में), 'जेनेसिस' (1986-हिन्दी में), 'एक दिन अचालक' (1988 हिन्दी में), 'महा पृथिनी' (1991), 'अंतहीन' (1983), 'आभार भुवन' (2003)।

सेन ने 14 लघु फ़िल्में व 4 डाक्यूमेंट्री फ़िल्में भी बनाईं।

मृणाल सेन को अपने काम के लिए अन्तरराष्ट्रीय स्तर पर ख्याति और सराहना मिली। 'इंटरव्यू', 'कलकत्ता-71', 'पदातिक' फ़िल्में कोलकाता के जन-जीवन पर आधारित जीवंत फ़िल्मों में शुमार होती हैं। बंगला के साथ ही अन्य भाषाओं में बनाई उनकी फ़िल्में संदेश पूर्ण रही हैं।

वामपंथ की ओर रुझान होने के कारण वह अपने शुरुआती फ़िल्मी दौर में 'इप्टा' (भारतीय जननाट्य संघ) से जुड़े। फ़िल्म निर्देशन के पहले उन्होंने अखबारों में फ़िल्म समीक्षा लिखने का काम किया। चार्ली चैपलिन पर एक पुस्तक लिखी। सेन अपनी आत्मकथा भी लिख चुके हैं।

'खारिज' फ़िल्म ने उन्हें सन् 1983 में कान, वेनिस, बर्लिन और कार्लोवेरी फ़िल्म समारोह में जूरी पुरस्कार दिलाया। राष्ट्रीय फ़िल्म विकास निगम तथा भारतीय फ़िल्म एवं टेलीविजन संस्थान, पुणे के अध्यक्ष भी रह चुके हैं। सन् 1998 से 2003 तक वह राज्यसभा के सांसद भी रहे। सन् 1981 में 'पद्मभूषण' अलंकार पा चुके है। अमरीकन फ़िल्म इंस्टीट्यूट ने भी उन्हें सम्मानित किया। 51वें राष्ट्रीय फ़िल्म पुरस्कार समारोह में सन् 2003 का फाल्के पुरस्कार उन्हें 2 फरवरी 2005 को राष्ट्रपति द्वारा प्रदान किया गया।

अडूर गोपालकृष्णन
(2004)

अडूर गोपालकृष्णन का जन्म 3 जुलाई 1941 को केरल के अडूर गांव में कथकली नर्तक परिवार में हुआ। गोपालकृष्णन 8 वर्ष की उम्र से ही स्टेज पर एक्टिंग करने लगे। कॉलेज की पढ़ाई के साथ भी एक्टिंग और निर्देशन से जुड़े रहे तथा अध्ययन के समय ही 20 नाटकों का मंचन किया। सन् 1960 में गांधी ग्राम रूरल यूनीवर्सिटी से स्नातक करने के पश्चात् सरकारी सेवाओं में आए, मगर ज़्यादा समय नौकरी में मन न लगा। डेढ़ वर्ष के सेवा काल से त्याग-पत्र देकर सन् 1965 में पटकथा लेखन तथा निर्देशन का डिप्लोमा लेकर लौटे। तीन वर्षीय कोर्स पूरा करने पर उन्हें मेरिट स्कॉलरशिप भी मिली थी। मैरिट के 22 वर्षों पश्चात् उन्होंने उसी संस्थान (फ़िल्म एवं टेलीविजन इंस्टीट्यूट, पुणे) में सन् 1987 से 89 तक अध्यक्ष पद सुशोभित किया।

गोपालकृष्णन ने अपने दोस्त जी. अरविन्दन और एस.टी. वासुदेवन नायर (साहित्यकार) के साथ फ़िल्म सोसायटी आन्दोलन चलाकर केरल में सार्थक सिनेमा का माहौल बनाया। इसके बाद तीनों प्रांतीय फ़िल्म निर्माण में उतरे।

उन्होंने फ़िल्मों पर कुछ पुस्तकें लिखी। सन् 1984 में 'सिनेमा टुडे' (मलयालम) के लिए सिनेमा पर सर्वोत्तम पुस्तक का राष्ट्रीय पुरस्कार प्राप्त किया। पुस्तकें थीं 'लोकम' तथा 'द वर्ल्ड आफ सिनेमा'।

तिरुवनंतपुरम् में उन्होंने 'चित्रलेखा फ़िल्म सोसायटी' का गठन किया। कलात्मक फ़िल्मों को आर्थिक सहायता देने के लिए उन्होंने देश की पहली 'सरकारी समिति' बनाई।

'ए ग्रेट डे' (1965) उनकी पहली लघु फ़िल्म थी। अन्य लघु फ़िल्में थीं – 'एंड मेरे क्रिएटेड', 'डेंजर एज़ जोर डोरस्टेप' (1968), 'टू वर्ल्डर्स

नेशनल एस.टी.डी.' (1963), 'गुरुचेंगान्नूर' (1975), 'पास्ट इन पर्सपेक्टिव' (1975), 'द मिथ' (1977), 'यक्षगान' (1979), 'द चौला हैरिटेज' (1980), 'कृष्णाट्टम' (1982)।

तीन डॉक्यूमेंट्री फ़िल्में बनाने के बाद एन.एफ. डी.सी. से क़र्ज लेकर उन्होंने सन् 1972 में अपनी पहली फ़ीचर फ़िल्म 'स्वयंवरम्' का निर्माण किया। मधु, शारदा, टी.सुकुमारन नय्यर और गोपी की बेहतरीन अदाकारी से सजी उस ब्लेक एंड व्हाइट फ़िल्म को चार राष्ट्रीय पुरस्कार मिले। इसके पांच वर्ष बाद आई बाद आई उनकी दूसरी फ़िल्म 'कोडियट्टम' ने उनकी प्रतिष्ठा को और मज़बूत किया।

'एलिप्पायतम्' (1981), 'मुखमुखम' (1983), 'अनन्तरम' (1986), 'विधेयन' (1993), अडूर गोपालकृष्णन की वे फ़िल्में हैं, जिनमें केरल के जनजीवन और सांस्कृतिक विरासत को बेहतरीन ढंग से पेश किया गया। अपने चार दशक के फिल्मी कॅरियर में उन्होंने सिर्फ 9 फीचर फ़िल्मों का निर्माण किया। उनकी शेष फ़िल्में हैं- 'स्वयंवरम्,' 'मतिलुकल', 'कथापुरुष' तथा 'निलल्क्कुतु'।

उनकी 9 फ़िल्मों में से 2 फ़िल्मों ने राष्ट्रीय पुरस्कार प्राप्त किया। देशी-विदेशी फ़िल्मोत्सवों में प्रदर्शित उनकी फ़िल्मों ने किसी-न-किसी वर्ग में राष्ट्रीय और अन्तरराष्ट्रीय पुरस्कार प्राप्त किए।

उन्होंने सर्वोत्तम फ़ीचर फ़िल्म के लिए दो बार, सर्वोत्तम निर्देशन के लिए चार बार, सर्वोत्तम पटकथा के लिए तीन बार तथा सर्वोत्तम मलयालम फ़िल्म के लिए पांच बार राष्ट्रीय पुरस्कार हासिल किए।

फ्रांस के सर्वोच्च सम्मान 'कमाण्डर ऑफ द ऑडर ऑफ आर्ट्स एंड लेटर्स अवार्ड, से उन्हें नवाजा गया। इससे पहले यह सम्मान सत्यजित राय को मिला था। सन् 1957 में स्थापित यह सम्मान कला और लेखन क्षेत्र में उल्लेखनीय योगदान के लिए दिया जाता है।

सन् 1984 में उन्हें 'पद्मश्री' से अलंकृत किया गया। सन् 1980 से 83 तक उन्होंने फ़िल्म समारोह में जूरी की हैसियत से भाग लिया। फ़िल्म

अभिलेखागार, लंदन ने उन्हें 'एलप्पातयम्' के लिए सर्वोत्तम निर्देशक का सम्मान दिया।

सन् 2004 का फाल्के पुरस्कार उन्हें 5 सितम्बर 2004 को प्रदान किया गया।

श्याम बेनेगल

(2005)

फ़िल्म निर्माता-निर्देशक श्याम बेनेगल का जन्म 14 दिसम्बर 1934 को अलीबाल (आन्ध्र प्रदेश) में हुआ। उन्होंने अर्थशास्त्र में स्नातकोत्तर किया। उनके पिता फोटोग्राफर थे। उन्होंने अपने पुत्र श्याम को भी फ़ोटोग्राफी की ओर आकर्षित करने के लिए अलग से एक सोलह मिलीमीटर का कैमरा लाकर दिया। कैमरे से खेलने और उसका उपयोग करने से श्याम के मन में फ़िल्मों एवं फ़िल्म निर्माण के प्रति ललक पैदा हुई।

हैदराबाद के पहले फ़िल्म क्लब की स्थापना बेनेगल ने की थी। इस क्लब ने पहला प्रदर्शन 'पथेर पांचाली' (फ़िल्म) का किया।

आत्म-निर्भर बनने के लिए बेनेगल ने एक विज्ञापन कंपनी में कार्य किया। वहां रहते हुए उन्होंने लगभग एक हज़ार विज्ञापन फ़िल्में बनाई। इसी के चलते प्रारम्भ में फ़िल्म निर्माण की ललक तीव्र हो आई। विज्ञापन फ़िल्मों के निर्माण के दौरान कई फ़िल्मकारों के सम्पर्क में आए, फलस्वरूप 12 वर्षों की विज्ञापन की दुनिया छोड़कर वे फ़िल्मी दुनिया में आए एवं अपनी प्रतिभा को प्रखरता देने में जुट गए।

उनकी पहली फ़िल्म 'अंकुर' (1973) थी। फ़िल्म की राष्ट्रीय और अन्तरराष्ट्रीय स्तर पर प्रशंसा हुई।

सत्तर और अस्सी का दशक 'कला फ़िल्मकारों' के नाम रहा, जिसकी अग्रिम पंक्ति में बासु चटर्जी जैसे निर्देशकों के साथ खड़े रहे। उन्होंने सिनेमाई रुझान की नई ज़मीन खोजी, जिसमें जीवन की तमाम मुश्किलों से जूझता किरदार उनका नायक रहा। नायिकाएं भी पारम्परिक प्रेमिकाएं नहीं, बल्कि भारतीय समाज के अंधेरे कोनों से चुन-चुन कर लाई गई थीं, जिन पर कभी दया आती, तो उनके हौसले को देखकर दर्शक दांतों तले अंगुली दबा लेते।

बेनेगल की लगभग सभी फ़िल्में लीक से हटकर तथा देश और समाज को ज्वलंत प्रश्नों के साथ प्रेरक संदेश देने वाली होती थीं। जैसे – 'कोडुरा', 'भूमिका' 'मंडी, 'जुबैदा', 'मम्मो', 'सरदारी बेगम', 'द मेकिंग ऑफ द महात्मा,' 'बोस – द फॉरगॉटन हीरो' आदि।

इन फ़िल्मों से बढ़कर भी उनकी कई फ़िल्में थीं, जिन्होंने कला क्षेत्र में उच्च स्थान बनाया और बहुप्रशंसित रहीं। 'अंकुर' (1973), 'चरणदास चोर', 'निशांत' (1975), 'मंथन' (1976), 'भूमिका', 'अनुग्रहम्' (1977), 'जुनून' (1978), 'कलयुग' (1981), 'आरोहण' (1982), 'मंदिर' (1976), 'सत्यजित राय' (1984), 'त्रिकाल' (1985), 'सुस्मन' (1986), 'सूरज का सातवां घोड़ा' (1993) जैसी फ़िल्में कला-फ़िल्मों में मील का पत्थर रहीं।

कला फ़िल्मों के ज़रिए उन्होंने भारतीय फ़िल्म-जगत को शबाना आज़मी, स्मिता पाटिल, अमृता राव, नसीरुद्दीन शाह, ओमपुरी, कुलभूषण खरबंदा, श्रेयस तलपड़े जैसे बेहतरीन कलाकार दिए, जिन्होंने अभिनय क्षेत्र में अपना लोहा मनवाया।

बेनेगल ने व्यावसायिक सिनेमा के सामने कभी सिर नहीं झुकाया। बम्बई में रहकर भी उन्होंने अपनी फ़िल्मों में बम्बईया हिन्दी का इस्तेमाल नहीं किया।

पंडित जवाहरलाल नेहरू द्वारा लिखित पुस्तक 'डिस्कवरी ऑफ इंडिया' पर आधारित 'भारत एक खोज' नाम से उन्होंने दूरदर्शन पर 53 कड़ियों में एक धारावाहिक तैयार किया, जो बेहद कामयाब रहा और ज्ञानवर्द्धक सीरिअल्स में अपना एक अलग ही स्तरीय स्थान तो बनाया ही, आम भारतीयों को देश के प्रथम प्रधानमंत्री पं. नेहरू की विलक्षण लेखनी से भी परिचित करवाया। अगर किसी को भारत का इतिहास पढ़ना नहीं, देखना हो, तो 'भारत एक खोज' पर्याप्त साबित होगा।

भारतीय रेलवे पर आधारित वृत्त चित्र 'यात्रा' बनाकर उन्होंने देश की आर्थिक जीवन-रेखा पर प्रकाश डाला, जो अन्य फ़िल्म निर्माता-निर्देशकों के लिए रसहीन विषय था।

आम लोगों की सच्ची पीड़ाओं और भावनाओं को मूल सिरे से पकड़ कर सिनेमा में दर्शा देना बेनेगल को खूब आता है। बेनेगल ने व्यवस्था के नंगेपन को पर्दे पर दिखाकर दुनिया को स्तब्ध कर दिया। उनकी कला दृष्टि सत्यजित राय, ऋत्विक घटक और गुरुदत्त की तरह धारदार निकली। जहां सत्यजित की फ़िल्मों में सत्य प्रदर्शन का गंवई-कस्बाई और भावुक चरम था, वहीं ऋत्विक घटक सत्य के हास्य को भी पकड़ते थे। गुरूदत्त ने सत्य को कलात्मक ग्लैमर से नवाज़ा, लेकिन बेनेगल तो सत्य के साथ बिना लाग-लपेट के जनता के बीच उतर आए। वहां सत्य की जो कटार थी, वह दिलों को चाक कर जाती थी। 'निशांत', 'मंथन', 'भूमिका' जैसी विचारोत्तेजक फ़िल्मों को भुलाया नहीं जा सकता।

बेनेगल प्रख्यात फ़िल्कार स्व. गुरुदत्त के रिश्तेदार हैं।

उनकी फ़िल्मों को 17 दफ़ा राष्ट्रीय पुरस्कार मिल चुके हैं। दो दफ़ा स्वयं सर्वश्रेष्ठ फ़िल्म निर्देशक का पुरस्कार प्राप्त कर चुके हैं।

बेनेगल राष्ट्रीय एकता परिषद् और राष्ट्रीय कला परिषद् से भी जुड़े रहे।

बेनेगल को सोवियत लैंड नेहरू पुरस्कार प्राप्त हो चुका हैं। वह होमी भाभा फैलोशिप पुरस्कार भी पा चुके हैं। उन्हें सन् 1976 में 'पद्मश्री' एवं सन् 1991 में 'पद्मभूषण' अलंकार से सम्मानित किया गया।

2007 में वह राज्य सभा के मनोनीत सदस्य बने।

बेनेगल को सन् 2005 का दादा साहेब फाल्के पुरस्कार सन् 2007 में प्रदान किया गया।

तपन सिन्हा
(2006)

निर्माता निदेशक तपन सिन्हा का जन्म 2 अक्टूबर 1924 को कलकत्ता में हुआ। तपन की प्रारंभिक शिक्षा बिहार में हुई। तत्पश्चात् कलकत्ता विश्व विद्यालय से विज्ञान में स्नातक की डिग्री प्राप्त की।

फ़िल्मों की ओर झुकाव होने से वह 'न्यू थियेटर्स' से जुड़े जहां साउंड इंजीनियर के रूप में अपना कॅरियर शुरू किया। न्यू थियेटर की ओर से वे लंदन में एक फ़िल्म समारोह में हिस्सा लेने गए। उनकी लगन और कार्यशीलता से प्रभावित होकर लंदन के 'पाइन वुड स्टूडियो' ने अपना साउंड रेकार्डिस्ट रख लिया। धीरे-धीरे वह निर्देशन के क्षेत्र में आ गए और अपनी प्रतिभा को और अधिक निखारा।

लंदन से लौटने पर उन्होंने प्रयोगवादी फ़िल्म 'अंकुश' बनाई, मगर वह सफलता की श्रेणी में न आ सकी।

अंकुश के बाद की उनकी लगभग सभी फ़िल्में सफल रहीं और दर्शकों तथा समीक्षकों की प्रशंसा प्राप्त हुई। उन्होंने साहित्यक कृतियों पर भी कुछ फ़िल्में बनाई, जिनमें रवीन्द्रनाथ टैगोर पर बनाई उनकी फ़िल्में 'काबुलीवाला' तथा 'क्षुधित पाषण' बहुचर्चित तथा पुरस्कृत रहीं।

रवीन्द्रनाथ टैगोर के अलावा तपन सिन्हा ने शैलजानेद मुखर्जी, रामपद सेनगुप्ता, शंकर, समरेश बसु, जैसे बंगला साहित्यकारों की कृतियों का फ़िल्मांकन किया। कम बजट की फ़िल्में बनाने वाले तपन दा ने प्रमुख और प्रसिद्ध कलाकारों को लेकर भी फ़िल्में बनाई हैं। बंगला के उत्तम कुमार और हिन्दी के अशोक कुमार, दिलीप कुमार जैसे दिग्गज भी उनकी फ़िल्मों के हीरो रहे हैं।

नक्सलवाद पर बनी उनकी फ़िल्म 'अपनजन' एवं बंगाल सरकार के एक भ्रष्ट मिनिस्टर पर बनी उनकी फ़िल्में 'राजा' तथा 'अदालत-ओ-एकही मेये' की आम दर्शकों में बड़ी लाजवाब प्रतिक्रिया रही।

बंगला अभिनेत्री अरूंधती से उन्होंने विवाह किया।

बंगला फ़िल्मों ने भारतीय सिनेमा को अन्तरराष्ट्रीय पहचान दिलाई है। बंगला फ़िल्मकारों सत्यजीत राय, ऋत्विक घटक, मृणाल सेन, नितिन बोस, बुद्धदेव दासगुप्ता की श्रेणी में ही तपन सिन्हा हैं, जिनका नाम आदर के साथ लिया जाता है। तपन सिन्हा ने कला में पिरोई जाने वाली कथा वस्तु को करीब से देखा है इस वजह से उनकी फ़िल्में अपनेपन का अहसास कराती हैं।

तपन सिन्हा की तीन या चार फ़िल्मों को छोड़कर शेष सभी फ़िल्मों के कारण उन्हें 19 दफा राष्ट्रीय फ़िल्म पुरस्कार से सम्मानित किया जा चुका है।

तपन दा की प्रमुख फ़िल्में इस प्रकार हैं –

बंगला : अंकुश (1954), उपहार (1955), काबुलीवाला (1957), लौह कपाट (1958), क्षुधित पाषाण (1960), हांसुली बांकेर उपकथा (1962), निर्जन सैकते (1963), आरोही व जतुगृह (1964), हाटे बाजारे (1967), अपनपन (1968), संगीना महतो (1970), राजा (1974), हारमेनियम (1975), सबुज द्वीपेर राजा (1979), अदालत ओ एकटी मेये (1981), अंतर्धान (1991)।

हिन्दी : जिन्दगी जिन्दगी (1972), सगीना (1974), सफेद हाथी (1977), आदमी और औरत (1984), आज का राबिन हुड (1987), एक डॉक्टर की मौत (1990),

'सबुज द्वीपेर राजा' तथा 'सफेद हाथी' बाल फ़िल्में थी एवं 'आदमी और औरत' टेली फ़िल्म।

सन् 2006 का 'दादा साहेब फाल्के पुरस्कार' तपन दा को सन 2008 में प्रदान किया गया। तपन दा सम्मान के साथ ही इस पुरस्कार की राशि दो लाख रुपयों से बढ़ाकर दस लाख रुपये कर दी गई।

15 जनवरी 2009 को उनका निधन हो गया।

मन्ना डे
(2007)

मन्ना उर्फ़ प्रबोध कुमार डे का जन्म 1 मई 1920 को कलकत्ता में हुआ। विद्या सागर, कलकत्ता से ग्रेज्यूएट होने के बाद उनका झुकाव गीत-संगीत की ओर हो गया। उनके पिता पूर्णचन्द्र ने अपने नाम के अनुरूप उन्हें पूर्ण सहयोग दिया। हालांकि उनकी इच्छा प्रबोध को वकील बनाने की थी।

स्कूल और कॉलेज की गायन प्रतियोगिता में वह अव्वल रहते। एक समय कॉलेज जीवन में लगातार तीन वर्ष गायन प्रतियोगिता में प्रथम रहें। उनके प्राचार्य ने उन्हे एक तानपुरा भेंट करते हुए कहा कि भविष्य में वह प्रतियोगिता में हिस्सा न लें, ताकि अन्य गायक सामने आ सकें।

प्रबोध को संगीत की तालीम देने के लिए उनके पिता ने उनको अपने चाचा के.सी.डे के पास भेज दिया। के.सी.डे. (कन्ना चेश्टो डे) गायक और संगीतकार थे। अपने नाम (कन्ना) की तुक मिलाने के लिए प्रबोध का नया नाम 'मन्ना' कर दिया। के.सी. ने अपने मन्ना को बम्बई बुला लिया।

मन्ना जब फ़िल्म क्षेत्र में आए तो उन्हें हतोत्साहित करने के लिए कहा गया, "अरे बंगाली बाबू, यहां क्या करोगे, बंगाल लौट जाओ और रशोगुल्ला खाओ।"

उन्हें पहला मौका प्रकाश पिक्चर्स के विजय भट्ट ने 'रामराज्य' फ़िल्म में दिया। सन् 1943 में निर्मित इस फ़िल्म के संगीतकार थे शंकरराव व्यास। मन्ना डे ने इस फ़िल्म में तीन गीत गाए – चल तू दूर नगरिया तेरी..., अजब विधि का लेखा किसी से पढ़ा न जाए..., त्यागमयी तू गई तेरी अमर भावना अमर रही..., यह तीसरा गाना (त्यागमयी तू...) एक बुजुर्ग (बाल्मिकी) पर फ़िल्माया गया। मन्ना के गाने तो सफल हुए, मगर वह आगे कुछ वर्षों के लिए टाइप्ड हो गए और एक 22 वर्षीय युवक 60 वर्ष एवं इससे बड़ी उम्र के किरदारों के लिए गायन करने लगे।

अधेड़ और बूढ़े किरदारों को अपना स्वर देते मन्ना तंग आ गए, तो उन्होंने वापस कलकत्ता जाने का मन बना लिया। इसी दौरान संगीतकार एस.डी. बर्मन ने उन्हें फ़िल्म 'मशाल' (1950) में गाने का मौका दिया।

इस फ़िल्म में गीतकार प्रदीप का लिखा और मन्ना डे का गाया गीत, ऊपर गगन विशाल नीचे गहरा पाताल..., बेहद सफल रहा।

'मशाल' फ़िल्म से पहले (सन् 1943 से 50) तक मन्ना डे को तो बुजुर्गों-फकीरों के गाने गाने पड़े या धार्मिक। इस दौर की उनकी गायकी की फ़िल्में थीं, 'प्रभु का घर' तथा 'विक्रमादित्य' (1945), 'श्रवण कुमार' (1946), 'गीत गोविन्द' (1947), 'जय हनुमान' तथा 'रामबाण' (1948), 'राम विवाह' तथा 'संत जनाबाई' (1949), 'भगवान श्रीकृष्ण' तथा 'रामदर्शन' (1950) इत्यादि।

इन 7 वर्षों में 28 फ़िल्मों में उन्होंने 50 गीत गाए। मन्ना को अधिकतर वे ही गीत गाने को मिले, जिन्हें रफ़ी, मुकेश, हेमंत और किशोर ने गाने से इनकार कर दिया।

कोरस गायन में मन्ना जब प्रमुख गायक होते थे, उस वक्त रफ़ी उनके साथ गाते थे। एक रोज़ मन्ना ने रफी की आवाज़ अलग से सुनी और रफ़ी की चमक को पहचान लिया, फिर तो वह संगीतकारों से रफ़ी को एकल गवाने की सिफ़रिश करने लगे।

सन् 1951 में फ़िल्म 'आन्दोलन' में पहली बार किशोर के साथ गाया, 'सुबह की पहली किरन तक जिन्दगी मुश्किल है...।' इसी साल राजकपूर की फ़िल्म 'आवारा' में उन्होंने लता के संग गाया, 'तेरे बिना ये आग ये चांदनी तू आजा...।'

नायकों ने भी अपनी पसंद के गायकों का चयन कर लिया। प्रारम्भ के एक दशक तक किसी भी प्रमुख नायक के वह पसंदीदा गायक न बने। बाद में महमूद को उन्होंने अपने सुर दिए और सफल भी रहे। फिर तो वह चल निकले।

मन्ना डे फ़िल्म संगीत के अकेले गायक हैं, जो अपने प्रत्येक गाने से पहले संगीत के नोट्स लेते थे, ताकि गानों की सिर्फ एक बार की रिहर्सल में ही सही-सही गाया जा सके। शुरुआत में कई गायक साथियों ने उनकी इस आदत का माखौल उड़ाया था, लेकिन यह ऐसी आदत

थी, जिससे गाने की प्रक्रिया सरल होती है। मन्ना ने लता और आशा को भी नोट्स लेना सिखाया था, लेकिन शुरुआती उत्साह के बाद दोनों बहनों ने उसमें रुचि नहीं ली।

लता के साथ मन्ना की गायकी जोड़ी कामयाब रही, 'ऋतु आए ऋतु जाये री सखी' (हम दर्द), 'प्यार हुआ इकरार हुआ' (श्री 420), ये रात भीगी भीगी', 'आजा सनम मधुर चांदनी में हम', 'जहां मैं जाती हूं वहीं चले आते हो' (तीनों गाने फ़िल्म 'चोरी चोरी'), 'जा तो से नहीं बोलूं कन्हैया' (परिवार), 'ओ चांद मुस्कुराया' (आखरी दांव), 'मेरे दिल में है एक बात' (पोस्ट बॉक्स नम्बर 999), 'नैन मिले चैन कहां' (बसंत बहार)।

फिर तो गीता दत्त, आशा भोसले आदि के साथ भी मन्ना ने गायन किया।

शास्त्रीय संगीत में मन्ना डे का गायन बेहतर रहा। राग जय जय वंती में बैरन हो गई रैन' (देख कबीरा रोया), टप्पा में 'हटो काहे की झूठी बनाओ बतिया' (मंजिल), जोगिया में 'पतझड़ जैसा जीवन मेरा' (हमदर्द), ललित में 'पीतम दरस दिखाओ' (चाचा जिन्दाबाद)।

हलके-फुलके गायन में भी मन्ना डे बेजोड़ हैं। 'मेरी भैंस को डंडा क्यों मारा, (पगला कहीं का), 'एक चतुर नार बड़ी होशियार' (पड़ोसन), 'फुल गेंदवा न मारो' (दूज का चांद), 'जोड़ी हमारी जमेगी कैसे जानी' (औलाद), 'चुनरी सम्भाल गोरी उड़ी चली जाये रे' (बहारों की मंज़िल), 'लागी मनवा के बीच कटारी कि मारा गया ब्रह्मचारी' (चित्रलेखा)।

मन्ना के बारे में संगीतकार अनिल विश्वास ने एक बार टिप्पणी की थी, "रफी, तलत, मुकेश, किशोर ने जो गाने गाए हैं, उन्हें मन्ना डे आसानी से गा सकते हैं, लेकिन मन्ना ने जो गाने गाए हैं, वे इन लोगों के लिए आसान नहीं।"

प्रसिद्ध कवि डा. हरिवंश राय बच्चन की चर्चित काव्य कृति 'मधुशाला' को मन्ना डे ने अपने स्वरों में गाकर इस कृति को और अधिक लोकप्रिय बना दिया।

डे को सन् 1968 में 'राष्ट्रीय पुरस्कार' एवं सन् 1987 में मध्य प्रदेश सरकार द्वारा 'लता मंगेशकर' पुरस्कार मिला। भारत सरकार के 'पद्मश्री' और 'पद्मभूषण' अलंकार भी उन्हें प्राप्त हो चुके हैं।

मन्ना डे ने अपनी आत्मकथा लिखी, जो सन् 2004 में "जीबनेर जलसा घरे" (जीवन का जलसाघर) नाम से आई।

सन् 2004 में जयपुर (राजस्थान) आगमन पर उनसे पूछा गया, "आज के ओर पुराने दौर के गीतों में आप तुलनात्मक रूप में क्या महसूस करते हैं? इसके जवाब में मन्ना ने बिना किसी लाग लपेट के साफगोई से कहा, "मौजूदा दौर निराशाजनक है। अब हर कोई शॉर्ट कट अपनाना चहता है। गीत लेख पर कहीं ध्यान नहीं दिया जाता। धुनें इस प्रकार से कम्पोज़ होती हैं कि लगता नहीं उनका कोई आधार भी होता हैं। लेकिन यह दौर ज़्यादा चलेगा नहीं। जब शब्द ही सुन्दर नहीं होंगे, तो अच्छी धुनों की कल्पना कैसे की जा सकती है। कहां वह दौर था जब गीत लेखन पर विशेष ध्यान दिया जाता था और धुनें बनाने में कई बार तो संगीतकारों को महीनों लग जाते थे।"

शास्त्रीय संगीत के गायन पर उनकी प्रतिक्रिया जानने पर उन्होंने कहा, "हिन्दुस्तानी शास्त्रीय संगीत को मैं अत्यधिक पवित्र मानता हूं, और इसका अभ्यास भी साधना की तरह ही करता हूं, क्योंकि साधना से ही सुर सजते हैं। मेरे गाए रागों पर आधारित लगभग सभी फ़िल्मी गीतों को लोकप्रियता मिली हैं, लेकिन मुझे इस बात की खुशी है कि शास्त्रीय संगीत में रुचि रखने वाले श्रोता भी मुझे उतना ही पसंद करते हैं, जितना फ़िल्म संगीत के आम श्रोता। शास्त्रीय बंदिशों को बिना अतिरिक्त शास्त्रीय उठा पठक के सहजता से लोगों तक पहुंचाने के प्रयास ज़रूर मैंने किए हैं। वैसे मुझे पश्चिम की राग-रागनियां भी कम प्रिय नहीं हैं। कुछ गीत उनसे प्रेरित भी मैंने गाए हैं। मेरा मानना है कि राग-रागनियां कोई बुरी नहीं होती, जरूरत सुरों को साधने की होती है।"

रीमिक्स के बारे में पूछने पर उन्होंने कहा, "मैं रीमिक्स को बिल्कुल

पसंद नहीं करता। वैसे भी किसी चीज की नकल अच्छी बात नहीं है। मै तो यह कहूंगा कि रीमिक्स किसी गाने की हत्या से कम नहीं है। रीमिक्स से गीतों की शक्ल बदल जाती है। रीमिक्स वाले नया क्या कर रहे हैं, सहारा तो पुराना ही है?"

क्लासिक संगीत के बारे में डे का कहना है कि वह दौर तो कब का खत्म हो गया, जब फन सीख कर गाया जाता था। अब तो क्रिस्टल सांउड चाहिए। आपके सुरों का माप दण्ड इलेक्ट्रोनिक्स सुइयां करती हैं। अफसोस की बात हैं कि शास्त्रीय संगीत का आदर खत्म हो गया।

आज के गीत-संगीत को लेकर डे का कहना है, "बिना आत्मा के शरीर नहीं होता। आज के गीत ऐसे ही हैं। सुरीले संगीत के लिए साफ सुथरी फ़िल्म की ज़रूरत होती है और उसे प्रोत्साहित करने वालों की भी। इस बाबत दर्शक तैयार ही नहीं होते। इसीलिए तो निर्माता इकोनोमी सोचते हैं, और वही बनाते हैं, जो चलता है। इसी कारण पन्द्रह वर्ष से ऊपर हो गए हैं, मैं फ़िल्मों में गा नहीं रहा हूं। मुझे शॉर्टकट संस्कृति पसंद नहीं।

बहुत आग्रह करने पर वर्षों बाद समीर टंडन की फ़िल्म 'उमर' (2005) में गायिका कृष्णामूर्ति के साथ मन्ना डे ने एक गाना गाया।

नए गीत-संगीत से ऊबे मन्ना ने अमरीका में स्थित अपनी लड़की के पास रहने का मानस बनाया, मगर उनके कई शुभचिंतकों ने उनसे आग्रह किया कि वह अपनी पुत्री की खैरियत जानने अमरीका हो आओ, मगर स्थायी रूप से वहीं बसने का निर्णय स्थगित कर दो। आज भी भारत राष्ट्र को आप जैसे फ़नकार की ज़रूरत है। किसी तरह वे मान गए।

मुंबई से उनका मन उचट गया। जुहू स्कीम स्थित अपना बंगला 'आनन्दन' सहित मुंबई की सारी सम्पत्ति बेचकर अपनी पत्नी सुलोचना संग बंगलौर जा बसे जहां उनकी छोटी पुत्री रहती है।

छह दशकों की सुर यात्रा में मन्ना डे के गाए कुछ अविस्मरणीय गीत इस प्रकार हैं –

तू प्यार का सागर है (सीमा), 'लपक झपक तू आरे बदरवा' (बूट पालिश), 'झूमता मौसम मस्त महीना' (उजाला), 'कौन आया मेरे मन के द्वारे' (देख कबीरा रोया), 'प्यार हुआ इकरार हुआ (श्री 420), ऐ मालिक तेरे बंदे हम' (दो आंखे बारह हाथ), 'लागा चुनरी में दाग' (दिल ही तो है), 'पूछो न कैसे मैंने रैन बिताई' (मेरी सूरत तेरी आंखें), 'नदिया चले चले रे धारा' (सफर), 'न तो कारवां की तलाश हैं' (बरसात की रात), 'चले जा रहे हैं मुहब्बत के मारे' (किनारे किनारे), 'रात के राही थक मत जाना' (बाबला), 'फिर तुम्हारी याद आई' (रुस्तमे सोहराब), 'तू छुपी है कहां तथा आधा है चन्द्रमा रात आधी' (नवरंग), 'कसमें वादे प्यार वफ़ा' (उपकार), 'ऐ भाई ज़रा देख के चलो' (मेरा नाम जोकर), 'मुस्कुरा लाडले मुस्कुरा' (जिन्दगी), 'तुझे सूरज कहूं या चंदा' (एक फूल दो माली), 'ऐ मेरे प्यारे वतन' (काबुलीवाला), 'दो दीवाने दिल के' (जोहर महमूद इन गोवा), 'ओ कली अनार की न' (छोटी बहन), 'ऐ मेरी जोहरा जबीं' (वक्त), 'मैं तेरे प्यार में क्या-क्या न बना' (ज़िद्दी), 'हो के मजबूर मुझे उसने भुलाया होगा' (हक़ीकत), 'जिन्दगी कैसी है पहेली हाय' (आनंद), 'निर्बल से लड़ाई बलवान की' (तूफान और दीया) आदि।

24 अक्टूबर 2013 को बंगलोर में उनका निधन हुआ।

वी.के. मूर्ति
(2008)

'फाल्के पुरस्कार चयन समिति' ने इस बार 19 जनवरी 2010 को 'फाल्के पुरस्कार' के लिए सिनेमाटोग्राफर वी.के. मूर्ति के नाम का चयन किया।

यह पहला मौका था, जब किसी सिनेमेटोग्राफर का नाम इस पुरस्कार के लिए चयन किया गया।

फ़िल्मों के पितामह दादा साहेब फाल्के मूलतः सिनेमेटोग्राफर ही थे। देश की पहली फिल्म 'राजा हरिश्चन्द्र' में सिनेमेटोग्राफी का ही कमाल था। ऐसा ही कमाल वी.के. मूर्ति ने कई फ़िल्मों में दिखाया, विशेषकर 'चौदहवीं का चांद' फ़िल्म में। शकील के लिखे गीत, रवि के संगीत में जब वहीदा रहमान पर 'चौदहवीं का चांद हो या आफ़ताब हो जो भी हो तुम खुदा की क़सम लाजवाब हो' गाना फ़िल्माया गया, तो मूर्ति की सिनेमेटोग्राफी ने गीत की संम्पूर्णता दर्शाते हुए, सचमुच में लाजवाब नज़ारा प्रस्तुत किया।

मूर्ति का जन्म सन् 1923 में मैसूर में हुआ। सन् 1946 में बंगलोर (बेंगलुरू) से 'मोशन पिक्चर टेक्नोलाजी' में डिप्लोमा किया। सन् 1993 में कन्नड़ में बनी फ़िल्म 'हूवु हन्नू' के लिए कर्नाटक सरकार ने उन्हें बेस्ट सिनेमाटोग्राफर अवार्ड' से सम्मानित किया।

निर्माता-अभिनेता गुरुदत्त की फ़िल्मों 'कागज के फूल' तथा 'साहब बीबी और गुलाम' के लिए मूर्ति को फ़िल्म फेयर अवॉर्ड दिया गया।

सन् 2005 में उन्हें 'आइफा लाइफ टाइम अचीवमेंट अवार्ड' दिया गया।

मूर्ति ने अपना फ़िल्मी कॅरियर वायलिन वादक से शुरू किया। समयोपरांत वे गुरुदत्त की टीम में सम्मिलित हो गए और अपने कैमरे का कमाल दिखाना शुरू किया।

गुरुदत्त की पहली फ़िल्म 'बाजी' (1951) में मूर्ति, कैमरामैन वी.रात्रा के सहायक थे। बाद में वे स्वतंत्र सिनेमाटोग्राफर बन गए और गुरुदत्त की फ़िल्मों में अपना हुनर दिखाया।

पं. जवाहर लाल नेहरू की कृति 'डिस्कवरी ऑफ इंडिया' पर श्याम बेनेगल द्वारा निर्मित दूरदर्शन धारावाहिक 'भारत एक खोज' का छायांकन मूर्ति ने ही किया था।

मूर्ति ने गुरुदत्त की फ़िल्मों में ब्लैक एंड व्हाइट रौशनी में, अपनी छाया का चमत्कार पैदा किया जिससे 'प्यासा' 'कागज के फूल', 'चौदहवीं का चांद', 'साहब बीबी और गुलाम', सरीखी फ़िल्में मील का पत्थर बन गईं।

देश की पहली सिनेमा स्कोप फ़िल्म 'कागज के फूल' में सिनेमाटोग्राफ़ी का गौरव मूर्ति को ही हासिल हुआ।

मूर्ति के छायांकन से सजी प्रमुख फ़िल्में इस प्रकार हैं –

बाजी (1951), जाल (1952), बाज (1953), आरपार (1954), मिस्टर एण्ड मिसेज 55 (1955), सी.आई.डी. (1956), प्यासा (1957), ट्वेल्व ओ क्लॉक (1958), कागज के फूल (1959), साहब बीबी और गुलाम (1962), जिद्दी (1964), सूरज (1966), लव इन टोकियो (1966), शिकार (1968), नया जमाना (1971), जुगनू (1973), नास्तिक (1983)।

7 अप्रैल 2014 को उनकी मृत्यु हो गई।

डी. रामानायडु
(2009)

डग्गुबारी रामानायडु (डी. रामानायडु) का जन्म 6 जून 1936 को डग्गुबारी वेंकटेश्वरालु और लक्ष्मी दिवम्मा के घर कर्मचेडु (मद्रास) नामक स्थान पर हुआ। प्रांतों के विभाजन के पश्चात् अब यह स्थान आंध्र प्रदेश के प्रकाशम् जिले में है।

उचित शिक्षा ग्रहण करने के पश्चात् वह तय नहीं कर पाए कि अपना कॅरियर किस क्षेत्र में बनाएं। सिनेमा, राजनीति एवं कोचिंग की ओर उनका रुझान था। आगे चलकर कोचिंग को छोड़ दोनों रुझानों में अपना विशेष स्थान बनाया।

सिनेमा रुझान में वे बहुमुखी फिल्मों को आत्मसात कर पाए। मूलतः तेलुगु फिल्मों के निर्माण के साथ ही तमिल, मलयालम, कन्नड़, बंगाली व हिंदी में भी फिल्में प्रोड्यूस कीं।

1964 में इन्होंने अपनी पहली तमिल फिल्म 'अनुरागम' प्रोड्यूस की। इसके पश्चात् एक बेहद सफल फिल्म 'रामुडु भिमुडु' प्रोड्यूस की, जिसका किरदार निभाया एन.टी. रामाराव ने।

एन.टी. रामाराव के संपर्क में आने से उनकी राजनीतिक जिज्ञासा प्रबल हुई। एन.टी. रामाराव 'तेलगुदेशम्' राजनीतिक पार्टी के प्रमुख होने के नाते आध्र प्रदेश के मुख्यमंत्री बने।

रामाराव ने भी तेलगुदेशम् पार्टी की सदस्यता ग्रहण की और पार्टी की ओर से चुनावी टिकट प्राप्त कर तेरहवीं लोकसथा (1999) के लिए गुंटुर जिले के वक्ताला से चुनाव लड़ा और विजयी रहे।

चौदहवीं लोकसभा (2004) में भी उन्होंने उसी सीट से चुनाव लड़ा, मगर इस बार वह पराजित रहे।

फिल्में प्रोड्यूस करने को लेकर इनका नाम गिनीज बुक में दर्ज हुआ। गिनीज बुक ऑफ वर्ल्ड रेकॉर्ड में इन्हें सबसे ज्यादा प्रोलीफिक प्रोड्यूसर माना गया है – 130 फिल्मों के साथ।

फिल्मों को लेकर इन्हें विभिन्न सम्मान एवं पुरस्कार प्राप्त हुए हैं, जो इस प्रकार है –

- फिल्म फेयर अवॉर्ड साउथ
- फिल्म फेयर अवॉर्ड तेलुगु फिल्म 'जीवन तरंगालु' (1973)।
- फिल्म फेयर अवॉर्ड तेलुगु फिल्म 'सोगूणाडु' (1976)।
- नेशनल फिल्म अवॉर्ड बंगाली फिल्म 'आसुख' (1999)। इसी फिल्म के लिए 1999 में ही मुंबई इंटरनेशनल फिल्म फेस्टीवल में FIPRE FCI ईनाम जीता।
- फिल्म फेयर लाइफ टाइम अचीवमेंट अवॉर्ड साउथ (2000)।
- श्री वेंकटेश्वर यूनीवर्सिटी तिरुपति से मानद डाक्टरेट की उपाधि।
- भारत सरकार द्वारा 2013 में पद्मभूषण सम्मान।

बी. रामानायडु की फिल्मों का लेखा-जोखा

तेलुगु

1. अनुरागम् (1963)
2. रामुडु भीमुडु (1964)
3. प्रतिज्ञा पालन (1965)
4. श्रीकृष्ण तुलाभरम् (1966)
5. स्त्री जन्म (1967)
6. पाप कसम (1968)

7. सिपोय चिनैया (1969)
8. बेम्मालु चेप्पिनाकथा (1969)
9. द्रोही (1970)
10. प्रेमनगर (1971)
11. जीवन तरंगलु (1973)
12. चक्रवाकम् (1974)
13. अम्माहला शपथम् (1975)
14. सेक्रेटरी (1976)
15. मोटारोडु (1977)
16. सर्व सगाल्लु (1977)
17. इंकी नायडु बाबा (1978)
18. ओक्का चलानी रात्रि (1979)
19. मंदी गुंडेलु (1979)
20. कक्षा (1980)
21. प्रेम मंदिरम् (1981)
22. अग्नि पूलु (1981)
23. देवता (1982)
24. गुंडा डुगु (1983)
25. कथा नैकेडु (1984)
26. सगेर्शना (1984)
27. मंगल्य बालम (1985)

28. श्रीकतना लीलु (1985)
29. प्रतिध्वनि (1986)
30. अहाना पिल्लौता (1987)
31. कलियुगा पांडवुलु (1987)
32. चैना बाबू (1988)
33. ब्रह्मापुत्रुडु (1988)
34. प्रेमा (1988)
35. इन्दुडु चन्दुडु (1989)
36. बब्ली राजा (1991)
37. सरपयगम् (1991)
38. कुली नं. 1 (1991)
39. प्रेमा खाइधी (1991)
40. प्रेमा विजेथा (1992)
41. सुरी गाडु (1992)
42. पारूवु प्रतीक्षा (1993)
43. आध्र वैभवम् (1993)
44. अक्का चिल्लेलु (1993)
45. सुपर पुलिस (1994)
46. तोडी कोनालु (1994)
47. ताजमहल (1995)
48. कोलाडपल्ली राथैया (1995)

49. धर्मचक्रम (1996)

50. सुपर हीरोज (1997)

51. प्रेमी चुकुन्दरम् राव (1997)

52. गणेश (1998)

53. सिवाइया (1999)

54. पेडम अनुसुलु (1999)

55. जयम् मंदिरा (2000)

56. काली सुन्दरम् राव (2000)

56. प्रेमीचुं (2001)

57. हय (2002)

58. अल्लारी (2002)

59. नी प्रेमिकार (2002)

60. नुवुलेखा नेनू लेनू (2002)

61. निकू निनू नाकू नुव्वा (2003)

62. विजयम् (2003)

63. मल्लेश्वरी (2004)

64. बोम्मालारा (2005)

65. निरीक्षण (2005)

66. सोग्गाडु (2005)

67. श्रीकृष्ण (2002)

68. मधुमासम् (2007)

69. तुलसी (2007)

70. बालादूर (2008)

71. कौशल्य सुप्रजा रामा (2008)

72. बेन्दू अप्पा राव R M P (2009)

73. आलस्यम् अम्रुतम (2011)

74. निनिम चिन्ना पिल्लाना (2013)

75. मसाला (2013)

76. भीतावरम् बुल्लोदु (2014)

77. दृश्यम् (2014)

तेलुगु डबिंग

1. भ्राम कक्षालु (1982)
2. मोसागल्लाकु मोसानाडु (2006)

हिन्दी

1. प्रेम नगर (1974)
2. दिलदार (1977)
3. बंदिश (1980)
4. मकसद (1984)
5. तोहफा (1984)
6. इंसाफ की आवाज (1986)
7. दिलवाला (1986)
8. रखवाला (1989)

9. जीवन एक संघर्ष (1990)
10. प्रेम कैदी (1991)
11. अनाड़ी (1993)
12. संतान(1995)
13. तकदीर वाला (1995)
14. हम आपके दिल में रहते हैं (1999)
15. आगाज (2000)
16. कुछ तुम कहो कुछ हम कहें (2002)

हिन्दी डबिंग

1. मेयर साहब (1991)
2. रामपुर का रास्ता (1993)

तमिल

1. नम्मा कोझा देगा (1971)
2. बसंत मलिधाई (1972)
3. थीरू मंगलम् (1974)
4. मधुर गीतम् (1977)
5. कुझान दैकागा (1978)
6. तानी कट्टु राजा (1982)
7. दिव्य पिरावी (1985)
8. मिचैल राज (1987)
9. काई नाथु (1988)
10. शिवप्पा निरातिल चिंपो (1990)

तमिल डबिंग

1. श्रीकृष्णा तुलाभरम् (1967)
2. बबोम्मालु चेप्पिना कथा (1969)
3. वेजाम (1982)
4. मि. विनय (1987)
5. नकीरन (1988)
6. अंबु चिलम् (1990)
7. प्रेम कैदी (1991)
8. कुली नं. 1 (1991)
9. बलिदान (1992)
10. सुपर पुलिस (1994)
11. ताजमहल (1995)
12. धर्मचक्र (1996)
13. प्रेमी चुकुंधम् राव (1997)
14. गणेश (1998)

कन्नड़

1. नवकोटि नारायना (1964)
2. थावरूमने उडुगोर (1991)
3. माधुवी अगोना बा (2001)

उड़िया

1. धर्म देवता (2001)

मलयालम्

1. अश्वरदून (2006)

इंगलिश

1. स्टेटन आइसलैंड (2006)

पंजाबी

1. सिंह वर्सेज कौर (2013)

के. बालाचन्दर

(2010)

के. बालाचन्दर का जन्म 9 जुलाई 1930 को नन्नीलम जिला तंजोर (तमिलनाडु) में एक ब्राह्मण परिवार में हुआ। परिवार के रीति-रिवाज के अनुसार इनकी शिक्षा-दीक्षा, पूजा-पाठ, कर्मकांड, वैवाहिक-संस्कार के अनुरूप करने की सोची गई।

बचपन से लगभग सात-आठ वर्ष की उम्र में अपने मित्रों के साथ घरवालों को बताए बिना वे सिनेमा देखने गए। घरवालों को इस बात का पता चल गया। उनको डांटने की बजाय घरवालों ने विचार-विमर्श किया कि परिवार के संस्कार लादने की बजाय बालक की गतिविधियों के अनुसार ही दिए जाएँ। परिवार के प्राथमिक संस्कार अवश्य दिए जाएँ।

पहली दफा फिल्म देखने पर कौतुहल के साथ ही इन्हें आनन्द आया। फिर तो कभी वे छुपकर और कभी परिजनों को बताकर स्कूल की छुट्टी के दिन अपने मित्रों या घर के बड़े सदस्यों के साथ सिनेमा देख आते।

बारह वर्ष की उम्र में शिक्षा के साथ ही फ़िल्मों में उनकी रूचि बढ़ती गई। यह रूचि फिल्में देखने के साथ फिल्में बनाने की कल्पना की ओर रुझान लेती रही। रुचि और रुझान के चलते जूलोजी में उन्होंने ग्रेज्यूएशन (स्नातक) किया। शिक्षा प्राप्ति के पश्चात् 1949 में मुथुपेट (तिरुवनूर) में स्कूल टीचर हो गए। मास्टरी में मन नहीं लगा तो 'एकाउंटेंट जनरल ऑफिस में क्लर्क हो गए।

बारह वर्ष की आयु में हुए फिल्मी रुझान को गति देने हेतु क्लर्क रहते हुए अभिनय की तालिम के लिए "यूनाइटेड आर्टिस्ट कंपनी" ज्वॉइन की। दोनों काम एक साथ न कर पाने पर उन्होंने क्लर्की छोड़ना बेहतर समझा।

निर्माता, निर्देशक, पटकथा की जानकारी हासिल करने पर उन्होंने एक

नाटक 'मेजर चन्द्रकांत' अंग्रेजी में लिखा। तमिलनाडु में अंग्रेजी का चलन कम था, अतः उन्होंने इसी नाटक को तमिल में लिखा जो हिट हुआ। इसके पश्चात् उन्होंने नाटक लेखन पर ज्यादा ध्यान दिया। उनके द्वारा लिखित कुछ नाटक इस प्रकार हैं – मेजर सुन्दर राजन, नागेश श्रीकांत सोकार जानकी, सरवर सुन्दरम्, नीर कुनिझी (पानी का बुलबुला), मेजहू गुवार्थी (मोमबत्ती), नानाल (ऊंची घास), नवग्रहम् (नौ ग्रह)। कोष्ठक में लिखे नाटकों का उन्होंने हिंदी अनुवाद किया। उन्होंने अपने लिखे नाटकों का खुद ही निर्देशन किया और समीक्षकों से तारीफ प्राप्त की।

1960 में तमिल के प्रसिद्ध कलाकार एम.जी. रामचन्द्रन ने बालाचन्दर को नाटकों से हटकर फिल्मी लेखन करने की सलाह दी। दोनों में दोस्ताना था। एम.जी. रामचन्द्रन की सलाह को तवज्जो देते हुए बालाचन्दर ने उसी सन् (1960) में "देवा थाई" फिल्म की पटकथा लिखी। फिल्म के हीरो रामचन्द्रन थे। फिल्म हिट रही।

'सरवर सुन्दरम्' नाटक का अधिकार अभिची मेई अप्पा चेटियर ने खरीदा और उस पर फिल्म बनाई। फिल्म ने काफी प्रशंसा हासिल की और तमिल भाषा की तीसरी सबसे अच्छी फिल्म का उसे फिल्मफेयर अवार्ड मिला।

बालाचन्दर के एक और नाटक 'मेजर चन्द्रकांत' पर हिन्दी में फिल्म बनी 'ऊंचे लोग' जिसमें अशोक कुमार और राज कुमार ने उम्दा अभिनय और इसी अनुरूप संवाद अदायगी की। फिल्म को नेशनल अवार्ड प्राप्त हुआ।

इसी नाटक (मेजर चन्द्रकांत) पर तमिल में भी एक फिल्म बनी, जिसमें जय ललिता ने प्रमुख भूमिका अदा की।

1965 में उन्होंने 'नीर कुमुजी' नाम से फिल्म बनाई जिसमें के. बालाचन्दर की नाटक मंडली के कलाकार थे।

1967 में 'बम विजयम्' नाम की कॉमेडी फिल्म बनाई जो सफल रही। बालाचन्दर ने इसका रीमेक तमिल व तेलुगू में भी बनाया। यहां

भी सफलता हासिल हुई। सफलता से प्रेरित होकर इसे हिंदी में 'तीन बहुरानियाँ' नाम से प्रस्तुत किया गया, जिसे जेमिनी ने प्रोड्यूस किया।

1969 में 'इरू कोडुगल' नाम से फैमिली ड्रामा वाली फिल्म बनाई जिसमें जेमिनी गणेशन ने प्रमुख भूमिका निभाई। फिल्म को बेस्ट फीचर फिल्म का रास्ट्रीय अवार्ड मिला।

1973 में गरीबी और जिस्मफरोशी पर आधारित फिल्म 'अरंगेत्रयम्' बनाई, जिसमें कमल हासन का मुख्य किरदार था। इस फिल्म के पश्चात् कमल हासन ने बालाचन्दर के साथ 35 फिल्में की।

1974 में कामकाजी महिलाओं पर 'अव्वल ओरू थोडर कथाई' फिल्म बनाई, जो 1960 की बंगाली फिल्म 'मेघे ढका तारा' से प्रेरित थी। इसी फिल्म से रजनीकांत ने फिल्मी दुनिया में प्रवेश किया। फ़िल्म ने बेस्ट तमिल फिल्म सहित तीन नेशनल अवार्ड प्राप्त किए।

1976 में उन्होंने तीन फिल्में बनाई। यथा—मन मघा लिलाई, अंथो देनी कथा एवं मुंडु मुदीचू।

'मन मघा लिलाई' में कमल हासन ने परस्त्रीगामी की भूमिका निभाई।

'अंथो देनी कथा' जो 'अव्वल ओरू थोडर कथाई' का तेलुगू रीमेक थी, इसमें जयप्रदा ने पहली बार स्टार रोल किया। आंध्र प्रदेश व तमिलनाडु में यह फिल्म प्रशंसित रही।

1977 में तलाकशुदा महिला के जीवन पर 'अवर गर्ल' एवं बेरोजगारी पर बनाई उनकी फिल्म 'वरू माइम नीरम शिकापु'(1980) भी सफल रही।

1981 में अपनी तेलुगू फिल्म 'मारूचरित्र' का हिंदी रिमेक 'एक दूजे के लिए' फिल्म बनाई। मुख्य किरदार कमल हासन ने निभाया। इस फिल्म से दक्षिण भारत के कई कलाकारों ने हिन्दी सिनेमा में प्रवेश किया, जिनमें कमल हासन, माधवी, एस.पी. बालासुब्रह्मण्यम् प्रमुख हैं। फिल्म हिट रही।

सिंह भैरवी (1985), पार्थले परावशम् (2001), पोई फिल्में भी सफल रहीं।

1980 से 2009 के मध्य महिलाओं के मजबूत किरदारों पर कई टी. वी. सीरियल भी बनाए, जिनमें कुछ प्रमुख सीरियल इस प्रकार हैं – रेल स्नेहम्, मवासु, रमणी वर्सेज रमणी, ओरू कुदाई पाषम्, काघल पगाडाई, प्रेमी, जन्नत, अन्नी, सहाना।

लगभग 40 वर्षों के बाद वे दोबारा थिएटर की ओर लौट आए। "पोरनामी" नाम से एक सीरियल लिखा, जिसमें रेणुका ने मुख्य भूमिका निभाई।

राजम् नाम की कन्या से 1956 में उनका विवाह हुआ। उनकी तीन संतानें हैं। दो बेटे (कैलाशम् व प्रसन्ना) एवं एक बेटी है। कैलाशम् एन्टरप्रेन्योर हैं तथा प्रसन्ना एक अग्रणी बैंक में मैनेजिंग डायरेक्टर हैं। बेटी पुष्पा कंडास्वामी उनके ही प्रोडक्शन 'कवितालय प्रोडक्शन' की सी.ई.ओ. हैं।

1981 से स्थापित उनके प्रोडक्शन हाउस 'कवितालय प्रोडक्शन' के तहत, तेलुगु, कन्नड़ व हिंदी फिल्मों का निर्माण हुआ।

स्क्रीन राइटर और प्रोड्यूसर रहते हुए उन्होंने 100 फिल्में की।

कमल हासन, रजनीकांत, सरिता, प्रकाशराज, विवेक, जेमिनी गणेशन, सोकार, जानकी, नागेश, मथुरमण को सर्वप्रथम उन्होंने ही फिल्मों में ब्रेक दिया।

2013 तक उन्हें 9 राष्ट्रय फिल्म पुरस्कार, फिल्म फेयर पुरस्कार पद्मश्री, सर्वोच्च नागरिक सम्मान, ए.एन. आर. नेशनल अवार्ड मिल चुके हैं।

सौमित्र चटर्जी

(2011)

सौमित्र चटर्जी अथवा चट्टोपाध्याय का जन्म 19 जनवरी 1935 को कृष्णानगर (नदिया) के बंगाली परिवार में हुआ। उनके वकील पिता शौकिया तौर पर नाटकों में भाग लिया करते थे। वैसे भी कृष्णानगर कस्बा थिएटर के लिए सकारात्मक माहौल लिए था। प्रख्यात नाटककार द्विजेन्द्रलाल राय की वजह से कस्बे में कई नाटक कंपनियां थी। एक नाटक मंडली के अध्यक्ष उनके दादा थे। ऐसी स्थिति में थिएटर के प्रति उनका झुकाव हो जाना स्वाभाविक था।

अपने स्कूली जीवन में सौमित्र ने नाटकों में भाग लेना शुरू कर दिया। बचपन में ही सौमित्र अपने परिवार सहित हावड़ा (कलकत्ता) चले आए।

सौमित्र ने सिटी कॉलेज से ग्रेज्यूएशन एवं बंगाली लिटरेचर से ऑनर्स किया। तत्पश्चात् कलकत्ता यूनिवर्सिटी से बंगाली में एम.ए. किया।

बंगाली थिएटर के जाने-माने एक्टर-डायरेक्टर अहिंदर चौधरी से उन्होंने एक्टिंग के गुण सीखे। बंगला थिएटर के प्रसिद्ध रंगकर्मी शिशिर भादुड़ी का उन्होंने एक नाटक देखा। नाटक से वह प्रभावित हुए। शिशिर से मिलने की इच्छा प्रबल हुई। अपनी दोस्त अभिनेत्री शेफालिका पुतुल के माध्यम से उन्होंने शिशिर भादुड़ी से मुलाकात की। भादुड़ी से जब कुछ समय पश्चात् उन्होंने फिर से मुलाकात की, तब तक भादुड़ी का थिएटर-कैरिअर ढलान पर आ चुका था। इससे पूर्व पहली मुलाकात के वक्त सौमित्र ने भादुड़ी निर्देशित एक नाटक में छोटा-सा रोल किया था। भादुड़ी का थिएटर बंद हो गया और 1959 में उनकी मृत्यु भी हो गई।

थिएटर में अदाकारी दिखाने की उनकी इच्छा अभी भी बलवती थी, मगर कोई उपयुक्त मुकाम नहीं मिला।

कैरिअर बनाने हेतु उन्होंने ऑल इंडिया रेडियो में अनाउंसर के रूप में काम शुरू किया। जब तक अभिनय अदायगी में स्थान नहीं मिला वे रेडियो से जुड़े रहे।

एक रोज फिल्म 'अपराजिता' (1956) की कास्टिंग के दौरान वे बांग्ला फिल्मों के निर्माता-निर्देशक सत्यजीत रे के सम्पर्क में आए जो नए चेहरों की तलाश में थे। सत्यजीत रे को लगा कि सौमित्र का लुक फिल्म के उपयुक्त रहेगा। उस समय सौमित्र 20 वर्ष के थे। किशोर वय अपु के रोल के लिए उनकी उम्र थोड़ी ज्यादा थी। सत्यजीत ने उन्हें याद रखा और दो साल बाद वयस्क अपु के रोल के लिए उन्हें बुलाया।

इसी बीच उनको बंगाली फिल्म 'नीला चलो महाप्रभु' (1937), जो कार्तिक चट्टोपाध्याय निर्देशित कर रहे थे, उसकी स्क्रीन टेस्ट में सौमित्र को फेल कर दिया गया था।

दो साल बाद जब वे फिर से सत्यजीत राय से मिले तो उन्होंने 'अपूर संसार' (1959) फिल्म में प्रमुख स्थान दिया। अपु शृंखला की फिल्मों में यह तीसरे नम्बर की फिल्म थी।

सत्यजीत रे की कई फिल्मों में सौमित्र ने अभिनय किया। कुछेक फिल्में इस प्रकार थी- अभिजान (1962), चारुलता (1964), आरायन दिन रात्रि (1978), घरे बायरे (1984), गण शत्रु (1989)।

अपने घर से सत्यजीत के घर तक आने में लंबी दूरी देखते हुए सत्यजीत ने उन्हें अपने पुराने अपार्टमेंट में रहने की सलाह दी। वर्षों तक सौमित्र उनके पुराने अपार्टमेंट में रहे।

फिल्म आर्टिस्ट, स्टेज एक्टर तथा कवि सौमित्र ने बांगला सिनेमा के अन्य नामचीन डायरेक्टर तपन सिन्हा के साथ 'पाषन' (1960) एवं 'झिंदर बंदी (1961) में, असित सेन के साथ 'स्वर लिपी' (1961) में, अजय कार के साथ 'सात पाके बंधा' (1963) एवं 'परिणीता' (1969) में, मृणाल सेन के साथ 'आकाश कुसुम' (1965) में और तरुण मजूमदार के साथ 'गण देवता' (1978) में काम किया।

सौमित्र 1958 में सत्यजीत रे की चौथी फिल्म 'जल सागर' की शूटिंग देखने फिल्म के सेट पर गए, तब तक उन्हें यह मालूम न था कि उन्हें फिल्म के टाइटल रोल के लिए चुन लिया गया है। जिस दिन वे फिल्म का सेट छोड़कर जा रहे थे, तो सत्यजीत ने उन्हें बुलाया और एक्टर छवि विश्वास से यह कहते हुए मिलवाया, "यह सौमित्र है। मेरी अगली फिल्म 'अपूर संसार' में अपू का रोल कर रहे हैं।" इस तरह उन्होंने सौमित्र को सरप्राइज देकर आश्चर्य में डाल दिया।

एक डेब्यूटेंट के रूप में चुने जाने के बावजूद सौमित्र अपने कैरिअर को लेकर निश्चिंत नहीं थे और उन्होंने कभी ऐसा नहीं सोचा कि उनका चेहरा फोटोजेनिक है। हालांकि 9 अगस्त 1958 को फिल्म का पहला शॉट, जब एक ही टेक में ओके हो गया तो सौमित्र ने यह महसूस किया कि उन्हें अपना मन पसंद काम मिल गया है।

सौमित्र ने समय-समय पर सत्यजीत के सथ 14 अलग-अलग फिल्मों में काम किया। सत्यजीत राय के साथ उनकी जुगलबंदी की तुलना, सिनेमा इतिहास की कुछ बेहद मशहूर जोड़ियों, जैसे मिफुने-कुरोसावा मेस्त्रो इयामी-फेलिनी डी नीरो, स्कोर सेज डी केप्रियो-स्कोरसेज, मैक्सवोन शेडो-इग्मार वर्गमेन, जेरजी स्थुर-कीस लोवोस्की आदि के साथ की जाती है।

अपूर संसार के बाद उन्होंने सत्यजीत की कई फिल्मों में शर्मिला टेगौर के साथ काम किया।

सौमित्र की तुलना अक्सर उस समय के प्रसिद्ध अभिनेता उत्तम कुमार से की जाती है।

सौमित्र ने एक बार निर्मल्या आचार्य के साथ मेगजिन (पत्रिका) शुरू करने की योजना बनाई। पत्रिका का नाम निर्धारित करने के लिए वे सत्यजीत रे के पास गए। उन्होंने पत्रिका का नाम "ए खोन" सुझाया और पत्रिका का मुख्य पृष्ठ भी डिजाइन करके दिया। रे लगातार पत्रिका का मुख्य पृष्ठ डिजाइन करते रहे। निर्मल्या संपादकीय का काम करती।

सत्यजीत रे की कई स्क्रिप्ट इस पत्रिका में प्रकाशित हुईं। सौमित्र ने 12 कविताओं की किताबें लिखीं। उन्होंने टी.वी. में भी अभिनय किया।

काफी समय तक सौमित्र ने थिएटर में काम किया। मुख्य अभिनेता के कैरिअर के बाद 1978 में सौमित्र फिर से थिएटर की ओर लौट आए और अपना पहला प्रोडक्शन (नाटक) 'नाम जीवन' विश्वरूप थिएटर, कलकत्ता में मंचित किया। बाद में कई लोकप्रिय नाटक (राजकुमार - 1982, फेरा - 1987, नीलकोता - 1988, घातक विदाई - 1990, न्याय मूर्ति - 1996, टिकटिकी - 1996) किए।

फ्रांसीसी डायरेक्टर कैथरीन वर्ग द्वारा निर्देशित डॉक्यूमेंटरी फिल्म GAACH का मुख्य विषय सौमित्र ही थे।

सौमित्र द्वारा अभिनीत फिल्मों का लेखा-जोखा

1. अपूर संसार (1959)
2. देवी (1960)
3. खुदीतो पाषान (1961)
4. तीन कन्या (1961)
5. जिदेरबंदी (1961)
6. पुनश्चः (1961)
7. स्वयंवर (1961)
8. स्वर लिपि (1961)
9. अभिजान (1962)
10. अगुन (1962)
11. अटल ज्वेलर अहोमान (1962)
12. बीनारसी (1962)

13. शास्ती (1962)
14. बारमाली (1963)
15. सात पाके बाधा (1963)
16. शेष प्रहार (1963)
17. चारूलता (1964)
18. किनू गोलर गोली (1964)
19. प्रतिनिधि (1965)
20. एक आई अंगे अतोरूप (1965)
21. एक तुकुबासा (1965)
22. आकाश कुसुम (1965)
23. बनसो बादल (1965)
24. जोरादी धीर चौधरी परिवार (1966)
25. महाश्वेता (1967)
26. प्रस्तर शख्खर (1967)
27. बाघिनी (1968)
28. तीन भुबोनपारे (1968)
29. प्रणिता (1969)
30. प्रथम कदम फूल (1970)
31. अरन्येर दिन रात्रि (1970)
32. जीवन शक्ति (1972)
33. आसानी संकेत (1973)
34. बसंत विलाप (1973)

35. सोनार किला (1974)
36. संसार सिमाती (1975)
37. दत्ता (1976)
38. जय बाबा फेलुनाथ (1978)
39. नौका डूबी (1979)
40. गण देवता (1979)
41. हिरक राजार देशे (1980)
42. अग्रदानी (1983)
43. घारे बारे (1984)
44. कोनी (1986)
45. श्याम साहेब (1986)
46. आतंक (1986)
47. सुकुमार राय (1987)
48. द बंगाली नाइट (1988)
49. गणशास्त्री (1989)
50. सखा प्रोसखा (1990)
51. महा पृथ्वी (1991)
52. द ब्रोकन जरनी (1994)
53. व्हील चेयर (1994)
54. भाग्य विधाता (1995)
55. असुख (1999)
56. देखा (2001)

56. शेडरज ऑफ टाइम (2004)

57. पटाक्षेप (2006)

58. बेलीगंज कोर्ट (2007)

59. चन्द्रबारी (2007)

60. 10.10 (2008)

61. अंगशु मानेर चोबी (2009)

62. शुगर बेबी (2009)

63. बोधी सत्व (2010)

64. नोबल चोर (2012)

65. द नोव्हेअर सन (2012)

66. लाइफ इन पार्क स्ट्रीट (2012)

67. रूम नं. 103 (2013)

68. माच मिस्तीयन मोर (2013)

69. शुन्यो अवंको (2013)

70. अलि सुख (2013)

71. रूप कथा नोय (2013)

72. निर्भया (2013)

सौमित्र चटर्जी को मिले अवॉर्डस का विवरण इस प्रकार है –

1970 - भारत सरकार द्वारा पद्मश्री सम्मान (मगर उन्होंने इस सम्मान को अस्वीकार कर दिया)।

1998 - संगीत नाटक अकादमी अवार्ड।

2001 - स्पेशल जूरी अवार्ड (जो उन्होंने ठुकरा दिया)

2004 - पद्मभूषण।

2008 - नेशनल फिल्म अवार्ड (फिल्म 'पोडो खेप' में सर्वश्रेष्ठ भूमिका के लिए)।

2014 - इंट्रोडक्टरी फिल्म फेयर अवार्ड।

कला क्षेत्र में फ्रांसीसी सरकार का उच्चतम सम्मान OFICER DES ARTS ET METIERS

इटली में लाइफ टाइम अचीवमेंट सम्मान।

कई बार बेस्ट एक्टर अवार्ड तथा अन्तरराष्ट्रीय सम्मान मिलने के बावजूद सौमित्र को अपने कैरियर की शुरूआती फिल्मों में नेशनल अवार्ड नहीं मिला, जिन्होंने उनको एक अभिनेता के रूप में स्थापित किया। उन्होंने जाने-माने निर्देशकों, यथा सत्यजीत रे, मृणाल सेन, तपन सिन्हा, असित सेन आदि के साथ काम किया। अतः कई वर्षों बाद उन्होंने नेशनल फिल्म अवार्ड कमेटी के तरीकों पर अपना गुस्सा जाहिर किया और विरोधस्वरूप, सन् 2001 में गौतम घोष निर्देशित 'देखा' फिल्म के लिए दिया जाने वाला स्पेशल जूरी अवार्ड ठुकरा दिया।

एक साक्षात्कार में उन्होंने कहा कि नेशनल फिल्म अवार्ड वाले मेरी कई यादगार भूमिकाओं को नजरअंदाज कर गए? जब मैंने 'कोनी' फिल्म की थी, तब तो शशि कपूर को श्रेष्ठ अभिनेता चुना गया और 'देखा' फिल्म के लिए सर्वश्रेष्ठ अभिनेता का पुरस्कार दे दिया गया? यद्यपि 2004 में भारत सरकार का तीसरा सबसे बड़ा नागरिक सम्मान पद्मभूषण ग्रहण करते समय मैंने अपनी राय बदल ली और कहा, मैं सोचता हूं, अब मुझे इस अवार्ड को अस्वीकार करके अपने दर्शकों की भावनाओं को ठेस पहुंचाने का कोई अधिकार नहीं है। 2008 को 'पोडो खेप' फिल्म के लिए सर्वश्रेष्ठ अभिनेता का नेशनल फिल्म अवार्ड मिलने पर उन्होंने कहा कि दशकों की एक्टिंग के बाद मैं इसे कोई विशेष महत्व नहीं देता।

1986 में सरोज डे द्वारा निर्देशित फिल्म 'कोनी में सौमित्र ने एक तैराकी कोच की भूमिका निभाई। यह फिल्म एक युवा लड़की की कहानी थी, जो झुग्गी-झोंपड़ी से उठकर आती है और अच्छी तैराक बन जाती

है। 32वें नेशनल फिल्म अवार्ड में इस फिल्म ने बेस्ट पोपुलर फिल्म का अवार्ड जीता। 2012 में एक इंटरव्यू में सौमित्र ने इसे अपने कैरिअर की बेहतरीन फिल्मों में से एक बताया। फिल्म में एक डायलॉग (संवाद) "फाइट कोनी फाइट" को सौमित्र मुश्किलों में कई बार अपने जीवन में दोहराते रहे।

प्राण

(2012)

प्राण (प्राणनाथ सिकन्द) का जन्म 2 फरवरी, 1920 को पंजाब के होशियारपुर में हुआ। कुछ दस्तावेजों में उनका जन्म दिल्ली के बल्लीमारान मोहल्ले में हुआ बताया गया है।

प्राण के पिता केवलकृष्ण सिकन्द सरकारी ठेकेदार थे। वे प्राण को पढ़ाई के साथ-साथ ठेकेदारी के तौर-तरीकों से भी अवगत कराना चाहते थे, अतः स्कूल की छुट्टी के पश्चात् प्राण को निर्माण कार्यस्थल पर अपने साथ ले जाया करते थे। मजदूरों को बीड़ी पीते देखकर प्राण भी छुप कर कभी-कभार बीड़ी पीने की असफल कोशिश करता। केवलकृष्ण ने अपने पुत्र की हरकत देख ली। उनकी पिटाई भी हुई और अपने साथ ले जाना भी बंद कर दिया तथा पढ़ाई के लिए सख्ती करने लगे।

स्कूल के सांस्कृतिक कार्यों में बढ़-चढ़कर हिस्सा लेने वाले प्राण का रूझान अभिनय की ओर हो गया। अपने रूझान को क्रिया रूप देने के लिए फिल्म जगत में प्रवेश किया। फिल्मों में अपने अभिनय की शुरुआत पंजाबी फिल्म 'यमला जट' (1940) से की।

1945 एवं 46 के दो सालों में प्राण ने लाहौर में 22 फिल्मों में काम किया। उस वक्त फिल्मों के प्रमुख केंद्रों में लाहौर का नाम भी अग्रणी था।

विभाजन के पश्चात् प्राण ने देव आनंद और कामिनी कौशल के साथ 'जिद्दी' (1948) फिल्म में खलनायक का रोल अदा किया। दर्शकों को यह रोल पसंद आया। फिर तो प्राण की मांग खलनायक अदाकारी के लिए होने लगी और वह ऊंचाइयों की ओर अग्रसर होने लगे। जिद्दी से ही किशोर कुमार ने गायकी की शुरूआत की।

पचास और साठ के दशक में फिल्मों में दिलीप कुमार, देव आनंद

और राज कपूर ने हीरो के रूप मं प्रसिद्धि पाई तो खलनायक के रूप में प्राण ने अपनी छाप छोड़ी और सफल फिल्म देने की गारंटी बन गए।

दिलीप कुमार अभिनीत 'आजाद', 'मधुमति', 'देवदास' देव आनंद अभिनीत 'जिद्दी', 'मुनीम जी', 'जब प्यार किसी से होता है' एवं राजकपूर अभिनीत 'जिस देश में गंगा बहती है', 'आह', 'दिल ही तो है' फिल्मों में प्राण भी थे और इन फिल्मों में प्राण का अभिनय लाजवाब था।

पिताजी की ठेकेदारी के समय यदा-कदा धूम्रपान करने का शौक उनकी आदत बन चुकी थी। इस शौक के चलते वे अपनी फिल्मों में धुएं के छल्ले बनाते थे, जो उनकी फिल्मी पहचान बन गया। फिल्म 'बड़ी बहन' (1949) के एक दृश्य में गीता बाली को देखने जाना होता है। कमरे में केवल धुएं के छल्लों को दिखाया जाता है और दर्शक अंदाजा लगा लेते हैं कि अब महाखलनायक प्राण का आगमन होने वाला है।

बुरे आदमी को हर बार नई अदा से पेश करना प्राण साहब की खासियत रही है। अपनी एक आंख को कुछ सिकोड़कर उनकी संवाद अदायगी उनके अभिनय में निखार ला देती थी। 'हलाकू' (1956) फिल्म में रुक-रुक कर, आवाज बदल कर संवाद बोलने में तो उन्होंने कमाल कर दिया था।

प्रकाश मेहरा की फिल्म 'जंजीर' में अमिताभ बच्चन को लेने की सिफारिश प्राण ने ही की थी। फिल्म में अमिताभ ने इन्सपेक्टर विजय का किरदार निभाया तो प्राण ने दोस्त शेरखान का। फिर तो दोनों किरदार हिंदी सिनेमा के इतिहास में अमर हो गए। इस फिल्म के पश्चात् प्राण और अमिताभ ने 14 फिल्मों में साथ काम किया, जिनमें मजबूर, अमर अकबर एंथनी, डॉन, शराबी, कालिया, नास्तिक, दोस्ताना, नसीब फिल्में प्रमुख थीं।

सन् 1969 से 1982 के बीच प्राण की कामयाबी का ऐसा भी दौर आया, जब उन्हें हीरो से ज्यादा पैसे दिए जाने लगे। उस दौर में उन्हें अमिताभ बच्चन, विनोद खन्ना और शत्रुघ्न सिन्हा से ज्यादा पारिश्रमिक

मिलता था। 70-80 के दशक में सिर्फ राजेश खन्ना को ही प्राण से अधिक पैसे मिलते थे।

प्राण ने 400 से अधिक फिल्मों में काम किया। मनोज कुमार की फिल्म 'उपकार' में 'मलंग बाबा' के रूप में चरित्र अभिनेता का शानदार रोल निभाया। फिर तो कई फिल्मों में उन्होंने इस प्रकार अभिनय की अदायगी की।

प्राण अभिनीत कुछ प्रमुख फिल्में इस प्रकार हैं –

1. खजांची (1941)
2. खानदान (1942)
3. जिद्दी (1948)
4. अफसाना (1951)
5. आह (1953)
6. मुनीमजी (1955)
7. देवदास (1955)
8. चोरी-चोरी (1956)
9. जागते रहो (1956)
10. चंपाकली (1957)
11. तुमसा नहीं देखा (1957)
12. मधुमति (1958)
13. गेस्ट हाउस (1958)
14. छलिया (1960)
15. जिस देश में गंगा बहती है (1960)
16. जब प्यार किसी से होता है (1961)
17. दिल तेरा दीवाना (1962)

18. फिर वही दिल लाया हूं (1963)
19. दिल ही तो है (1963)
20. मेरे महबूब (1963)
21. कश्मीर की कली (1964)
22. दो दिल (1965)
23. गुमनाम (1965)
24. मेरे सनम (1965)
25. शहीद (1965)
26. दस लाल (1966)
27. दो बदन (1966)
28. दिल दिया दर्द लिया (1966)
29. राम और श्याम (1967)
30. उपकार (1967)
31. गोपी (1970)
32. हीर रांझा (1970)
33. जानी मेरा नाम (1970)
34. पूरब और पश्चिम (1970)
35. यादगार (1970)
36. बेईमान (1972)
37. विक्टोरिया नं. 203 (1972)
38. धर्मा (1973)
39. मजबूर (1973)
40. बॉबी (1973)

41. जंजीर (1973)

42. अमर अकबर एंथनी (1977)

43. धर्मवीर (1977)

44. कालिया (1977)

45. डॉन (1978)

46. नसीब (1978)

47. अंधा कानून (1983)

48. शराबी (1984)

49. इंकलाब (1984)

हर बड़े अभिनेता का आत्मसुख जहां अपनी फिल्में देखना होता है, उसी बॉलीबुड के प्राण को अपनी फिल्में देखने से परहेज था।

फिल्मों में भले ही प्राण ने बुरे व्यक्ति का चरित्र निभाया हो, अपने निजी जीवन में वे मिलनसार और श्रेष्ठ इंसान थे। बुरे व्यक्ति की बखूबी से यादगार चरित्र निभाते रहने पर लोगों (दर्शकों) में कुछ ऐसा प्रभाव पड़ा कि लोग छठे, सातवें और आठवें दशक में अपनी संतानों के नाम प्राण रखने से झिझकते रहे। इसी बात को केंद्र बिंदु में रखते हुए, इस सदी के शुरू में प्राण के परिवार वालों ने एक प्रतियोगिता आयोजित की, कि सन् 1960 से 80 के मध्य जन्मे किसी व्यक्ति का नाम प्राण रखा गया हो तो वे मुंबई आकर हमारे परिवार का आतिथ्य ग्रहण करें एवं दोनों तरफ की यात्रा का किराया तथा अन्य पुरस्कार प्राप्त करें।

बहुत ढूंढ़ने पर भी इस अवधि में जन्मे व्यक्ति का नाम प्राण नहीं मिला। इस खाकसार (दिलचस्प) ने राजस्थान के श्रीगंगानगर जिले के प्राण नामधारी व्यक्ति की जानकारी हासिल की और प्राण के परिवार वालों को सूचित किया। उन्होंने प्राण का प्रामाणिक बायोडेटा मंगवाया और प्राण संग खाकसार को भी मुंबई आमंत्रित किया।

श्रीगंगानगर के सांसी बिरादरी के प्राण नामधारी पर रेप केस चल

रहा था। ऐसा दागदार व्यक्ति प्राण के घरवालों को मंजूर न था, अतः बात बनी नहीं।

अस्वस्थता की वजह से प्राण ने 1998 से फिल्मों में अभिनय करना बंद कर दिया। अमिताभ के विशेष आग्रह पर अमिताभ की कंपनी ए.बी.सी.एल. के लिए 'मृत्युदाता' और 'तेरे मेरे सपने' फिल्मों में काम किया।

इस लेखक ने सन् 2009 में केंद्रीय सूचना और प्रसारण मंत्रालय को इस प्रकार का सुझाव दिया कि किसी भी फिल्मकार को इस प्रकार का सम्मान (फाल्के पुरस्कार) उनके पूर्णतया स्वस्थ होने के काल में दिया जाए तो बेहतर रहे, ताकि कलाकार भी चेतन रूप में उसे आत्मसात कर पाए। साथ ही प्राण एवं वहीदा रहमान को यह सम्मान देने की गुजारिश की थी।

सुझाव का असर रहा हो या संयोग रहा हो, हिंदी सिनेमा के 100 वर्ष पूरे होने पर सरकार द्वारा दोनों ही फिल्मी हस्तियों (प्राण एवं वहीदा रहमान) को सम्मान प्रदान किया गया।

प्राण को 'फाल्के पुरस्कार' दिया गया तो बॉलीवुड का पहला सेंटेनरी अवार्ड वहीदा रहमान को दिए जाने की घोषणा हुई। फाल्के पुरस्कार की भांति इस पुरस्कार की राशि भी 10 लाख रुपये रखी गई।

फाल्के पुरस्कार ग्रहण करने के वक्त नेक दिल अभिनेता प्राण काफी अस्वस्थ थे, फलतः सूचना एवं प्रसारण मंत्री ने 10 मई, 1913 को मुंबई में प्राण के घर जाकर उन्हें यह सम्मान प्रदान किया।

फाल्के सम्मान प्राप्ति के दो माह दो दिन पश्चात् 12 जुलाई, 2013 को प्राण का निधन हो गया।

प्राण के निधन पर दैनिक 'युगपक्ष', बीकानेर ने अपने मुख्य पृष्ठ पर मर्म को छूने वाला एक द्विअर्थी शीर्षक दिया – फिल्मों के "प्राण" नहीं रहे।

गुलजार
(2013)

संपूरन सिंह कालरा उर्फ गुलजार का जनम 18 अगस्त 1936 को पंजाब के एक गांव दीना, जिला झेलम (अब पाकिस्तान) में हुआ। विभाजन के समय कालरा का परिवार अमृतसर में आ बसा। वहां रोजी-रोटी के निमित्त संपूरन ने मोटर मैकेनिक का काम सीखा और खाली समय में पं. रविशंकर एवं उस्ताद अली अकबर खां के संगीत के रूची ली।

संगीत में कुछ हुनर हासिल हुआ तो उनके कदम बंबई चले गए। वर्ली (बंबई) के एक गैराज में मैकेनिक का काम मिल गया। पंजाबी शख्स कभी बेजा (खाली) नहीं बैठता। अपने काम में फारिग होकर फिल्म निर्माता-निर्देशक बिमल राय का सानिध्य प्राप्त करने लगे। राय को कालरा भा गए। उनहोंने संपूरन कालरा को अपना सहायक निर्देशक बना लिया। पंजाबी लहजे का संपूरन (संपूर्ण) नाम जुबान पर सही उच्चारण न होने पर संपूरन सिंह कालरा ने अपना उपनाम 'गुलजार' (उद्यान, बगीचा) रख लिया। कालांतर में गुलजार नाम ही उनकी पहचान बन गई।

गुलजार में नाम परिवर्तन होने के साथ ही वे गुलकार (रचनाकार) हो गए और गद्य विशेषकर पद्य में लेखन करने लगे। बिमल राय की फ़िल्म 'काबुलीवाला' में उन्होंने संगीतकार सलील चौधरी के संगीत में एक गायन "गंगा आए कहां से, गंगा जाए कहां रे..." की रचना की। इसके बाद 'श्रीमान् सत्यवादी', 'स्वामी विवेकानंद' एवं 'प्रेम पत्र' फ़िल्मों के लिए गीत की रचना की। उनके गीतों पर श्रोताओं का ध्यान भी गया, मगर फिल्मों के टॉकीज़ से उतरने के साथ ही गुलजार के गीत भी श्रोताओं के जेहन से उतरते गए।

सन् 60 के दशक में बिमल राय की फ़िल्म 'बंदिनी' में गुलजार का लिखा गीत "मेरा गोरा रंग लइले-मोहे श्याम रंग दइदे" (संगीतकार

सचिन देव बर्मन), जिसे लता मंगेशकर ने गाया, वह गीत अति प्रसिद्ध हुआ और मील का पत्थर बन गया। उसके पश्चात् गुलजार ऊंचाइयों की ओर बढ़ते चले गए।

'बंदिनी' में गुलजार का गीत लेने का एक कारण भी रहा था। पहले इस फ़िल्म के लिए शैलेन्द्र गीत की रचना करने वाले थे, मगर उनके अस्वस्थ हो जाने से बिमल दा ने अपने सहायक निर्देशक गुलजार को मौका दिया। इस गीत लेखन के पश्चात् गुलजार ने कभी पीछे मुड़कर नहीं देखा।

सिख परिवार में जन्मे गुलजार को 'बंदिनी' के गीत लेखन के पश्चात् अनेक फ़िल्मों के लिए गीत लेखन का निमंत्रण मिला, मगर उन्होंने चुनिंदा फ़िल्मों में, अपनी शर्तों पर ही गीत लेखन किया। शेष अपनी फ़िल्मों में गीत लेखन किया और गीतों को एक नई विद्या के साथ प्रस्तुत किया।

बिमल दा के सहयोगी होने के कारण ही वे ऋषिकेश मुखर्जी और तपन सिन्हा जैसे प्रमुख बंगाली निर्देशकों के संपर्क में आए। तपन सिन्हा की बंगाली फ़िल्म 'अप नजन' को उन्होंने 'मेरे अपने' नाम से हिंदी में प्रस्तुत किया। इस फ़िल्म में मुख्य भूमिका मीना कुमारी की थी। मीना कुमारी अभिनय के साथ ही उम्दा शायरी लेखन भी करती थी। इस शायरानापन के कारण ही वे मीना के अति नजदीक आए, मगर उसी दौरान 'फूल और पत्थर' फ़िल्म में मीना कुमारी की जोड़ी धर्मेंद्र के साथ बनी। धर्मेंद्र के भी मीना के अति निकट हो जाने पर गुलजार ने अभिनेत्री राखी में मीना का अक्स देखा और राखी संग अपनी गृहस्थी बसाई, मगर यह गृहस्थी कुछ समय पश्चात् बिखर गई अर्थात् दोनों में तलाकनामा हो गया।

उनके निजी जीवन से हटकर फिर से उनकी फ़िल्मों और गीतों की ओर आया जाए। 'बीवी और मकान' फ़िल्म में गुलजार ने दस गीत लिखे, जिन्हें रफी, तलत महमूद, मुकेश, मन्ना डे, हेमंत कुमार, लता, उषा, आशा जैसे गायक-गायिकाओं ने स्वर दिए। गिनी-चुनी फ़िल्मों में ही एक साथ इतने गायक-गायिका होते हैं।

गुलजार की फ़िल्में लीक से हटकर रही हैं। अपनी फ़िल्मों के गीत एवं दूसरे निर्माता-निर्देशकों की फ़िल्मों के लिए लिखे गीत यादगार कहे जा सकते हैं। मेरे अपने, परिचय, कोशिश, मौसम, अंगूर, नमकीन, आंधी, खुशबू, मीरा, अचानक, किनारा, माचिस, किताब, हू तू तू आदि फ़िल्में और जंगल बुक तथा पोटली बाबा नामक टी.वी. सीरियल लीक से हटकर थे और लीक से हटकर ही उनके गीत थे। इन फ़िल्मों के अलावा बावर्ची, लेकिन, गुड्डी, रूदाली, दिल से, फिजा, कमीने, बंटी और बबली, स्लमडॉग मिलेनियर, वीर, इश्किया, मटरू की बिजली का मनडोला, डेढ इश्किया इत्यादी फ़िल्मों में गुलजार के लिखे गीत सराहे गए।

फ़िल्मों, फ़िल्मी गीतों की भांति उनका साहित्य और कहानियां भी असरकारक रही हैं। संक्षिप्त रूप में उनकी एक मार्मिक कहानी 'रावी पार' जो विभाजन की त्रासदी पर लिखी गई, वह इस प्रकार है –

एक मां अपने जुड़वा बच्चों को गोद में लिए, अन्य यात्रियों की भांति ट्रेन की छत पर सफर कर रही है। वह लाहौर जा रही है। ठंडक शुरू हो चुकी है। ठंडक की वजह से बच्चे की मृत्यु हो जाती है। ट्रेन जब रावी (नदी) से गुजर रही होती है, तो सह-यात्रियों ने कहा, "बच्चे को यहीं ठंडा कर दो।" मां ने जी कड़ा करते हुए बच्चे को नदी के हवाले कर दिया। लाहौर पहुंचने पर उसे पता चलता है कि जिन्दा बच्चा तो रावी में बहा आई और लाश को छाती से चिपका कर यहां चली आई!

समय-समय पर गुलजार पुरस्कृत और सम्मानित हुए हैं। साहित्य में योगदान के लिए उन्हें सन् 2002 में साहित्य अकादमी पुरस्कार से सम्मानित किया जा चुका है। इसके अलावा 'माचिस' एवं 'अंगूर' फ़िल्मों के एिल राष्ट्रीय पुरस्कार, फ़िल्म फेयर पुरस्कार, पद्मभूषण, इंदिरा गांधी राष्ट्रीय एकता पुरस्कार, 'स्लमडॉग मिलेनियर' (2009) फ़िल्म के गीत "जय हो" के लिए सर्वश्रेष्ठ मौलिक गीत लेखक का "ऑस्कर" और "ग्रेमी" पुरस्कार मिल चुका है।

●●●